lonely planet

NUEVA YORK

Harmony Difo, John Garry, Dana Givens y Deepa Lakshmin

Sumario

AOUNPHOTO/SHUTTERSTOCK ©

DOBLE PÁGINA ANTERIOR: WOJTEK ZAGORSKI/GETTY IMAGES ©

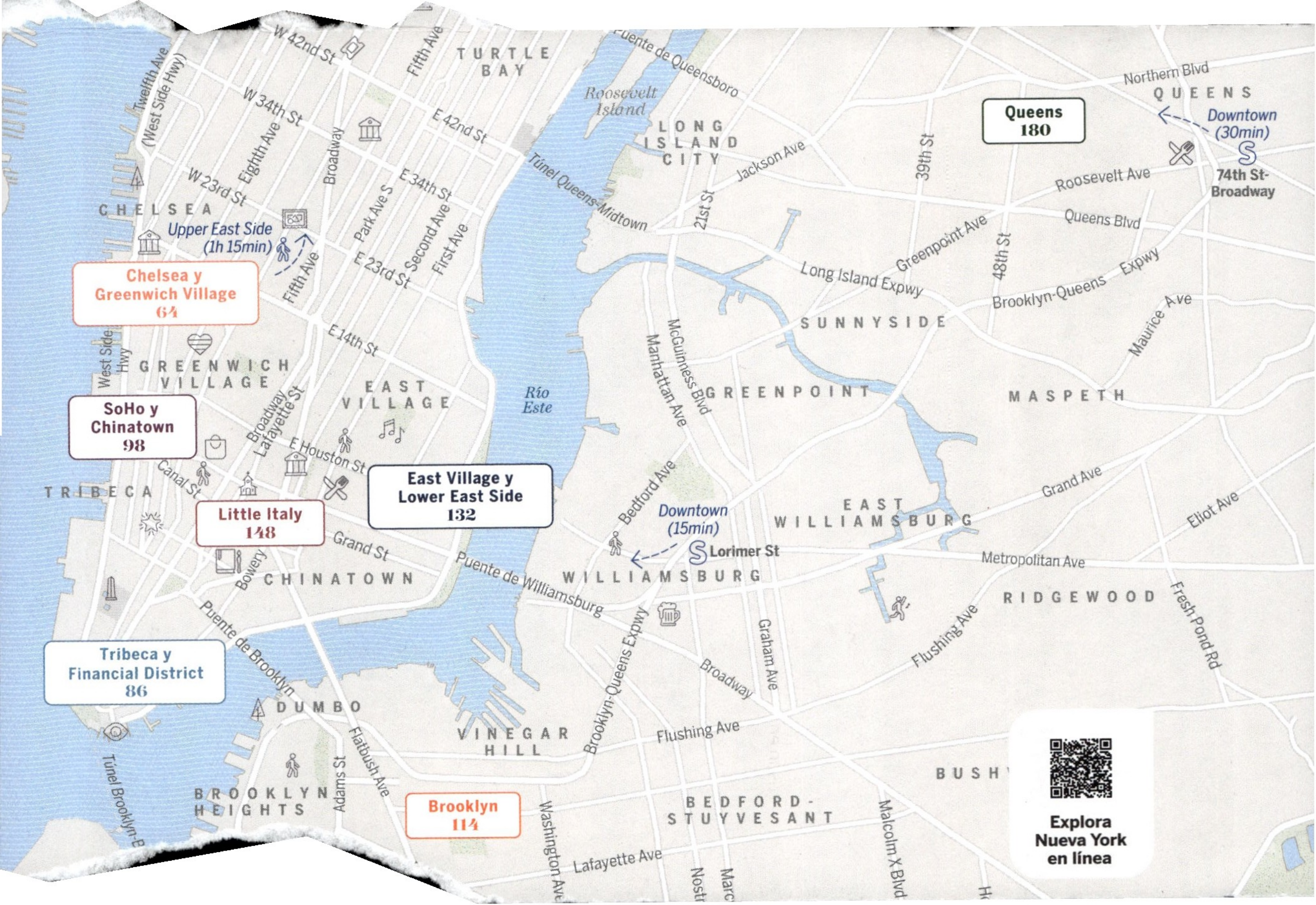
Chelsea y Greenwich Village 64
SoHo y Chinatown 98
Tribeca y Financial District 86
Little Italy 148
East Village y Lower East Side 132
Brooklyn 114
Queens 180
Upper East Side (1h 15min)
Downtown (15min)
Lorimer St
Downtown (30min)
74th St-Broadway
Explora Nueva York en línea
CHELSEA
GREENWICH VILLAGE
EAST VILLAGE
TRIBECA
CHINATOWN
DUMBO
BROOKLYN HEIGHTS
VINEGAR HILL
TURTLE BAY
LONG ISLAND CITY
SUNNYSIDE
GREENPOINT
EAST WILLIAMSBURG
WILLIAMSBURG
MASPETH
RIDGEWOOD
QUEENS
BEDFORD-STUYVESANT
Río Este
Roosevelt Island
Puente de Queensboro
Túnel Queens-Midtown
Puente de Williamsburg
Puente de Brooklyn
Túnel Brooklyn-B
W 42nd St
W 34th St
W 23rd St
Twelfth Ave
(West Side Hwy)
West Side Hwy
Eighth Ave
Fifth Ave
Broadway
Park Ave S
Second Ave
First Ave
E 42nd St
E 34th St
E 23rd St
E 14th St
E Houston St
Lafayette St
Canal St
Grand St
Bowery
Adams St
Flatbush Ave
Washington Ave
Lafayette Ave
Jackson Ave
21st St
39th St
48th St
Roosevelt Ave
Queens Blvd
Northern Blvd
Greenpoint Ave
Long Island Expwy
Brooklyn-Queens Expwy
Maurice Ave
McGuinness Blvd
Manhattan Ave
Bedford Ave
Grand Ave
Metropolitan Ave
Eliot Ave
Fresh Pond Rd
Flushing Ave
Graham Ave
Malcolm X Blvd
BUSH

En esta soberbia metrópolis se podrá retozar en alguno de sus más de 1700 parques y zonas verdes. Quedarse sin aliento ante sus emblemáticos perfiles urbanos, que salen al paso en cada esquina o mirador. Pasear a hurtadillas por escondidos jardines comunitarios. Saborear el asombroso abanico de opciones gastronómicas. Visitar incontables museos y joyas arquitectónicas. Deleitar el paladar en fenomenales bares de vinos. Rendir homenaje a valerosos personajes históricos en deslumbrantes monumentos conmemorativos. Y, al caer la tarde, relajarse en la terraza de una coctelería o cervecería.

Así es Nueva York.

EL PRÓXIMO VIAJE SIEMPRE ES EL MEJOR.
PASA LA PÁGINA Y EMPIEZA A PLANEARLO →

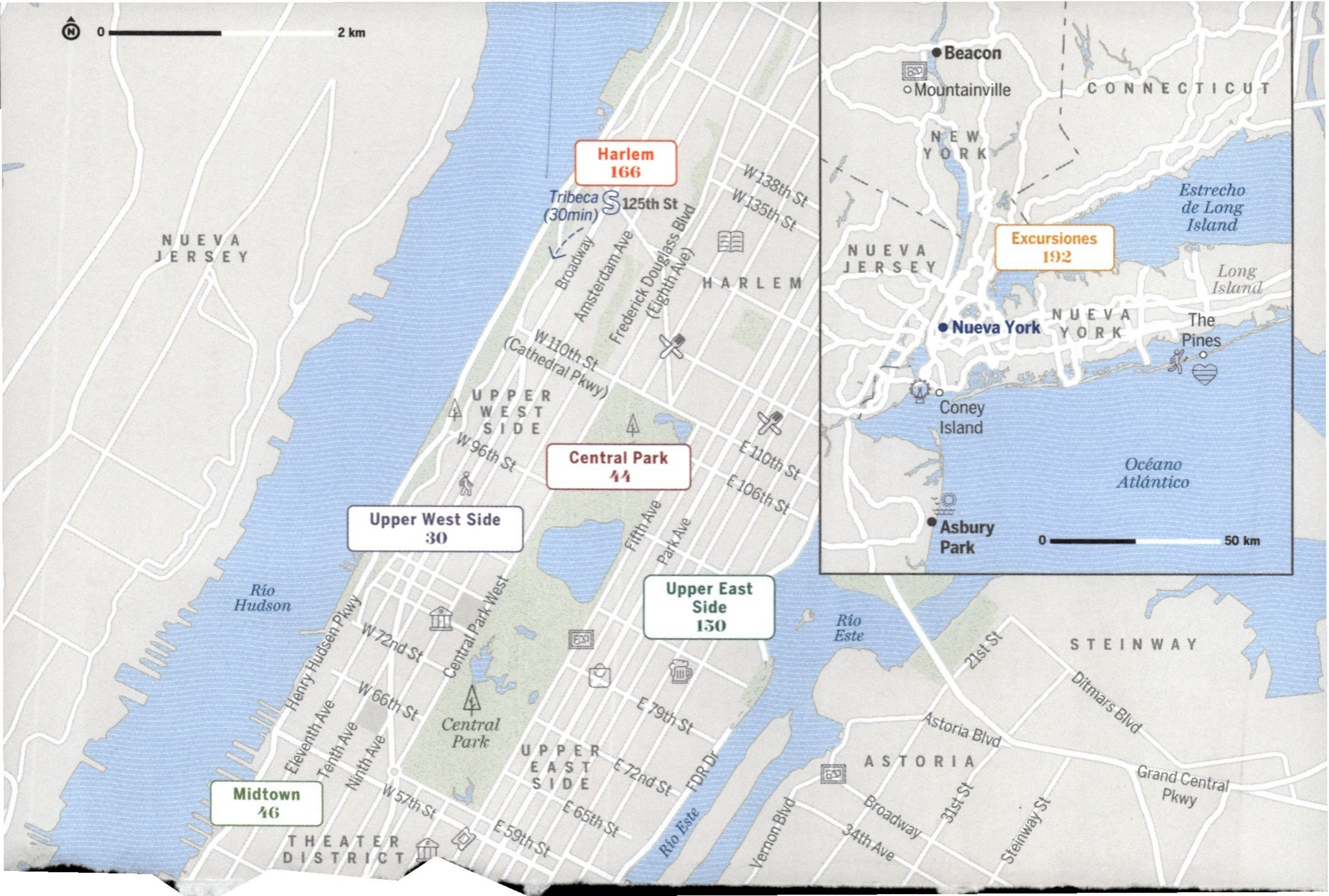

0
2 km
NUEVA JERSEY
Harlem
166
Tribeca (30min)
125th St
Broadway
Amsterdam Ave
Frederick Douglass Blvd (Eighth Ave)
W 138th St
W 135th St
HARLEM
W 110th St (Cathedral Pkwy)
UPPER WEST SIDE
W 96th St
Central Park
44
E 110th St
E 106th St
Upper West Side
30
Fifth Ave
Park Ave
Upper East Side
150
Río Hudson
Henry Hudsen Pkwy
W 72nd St
Central Park West
W 66th St
Central Park
E 79th St
Eleventh Ave
Tenth Ave
Ninth Ave
UPPER EAST SIDE
E 72nd St
FDR Dr
Midtown
46
W 57th St
E 65th St
E 59th St
THEATER DISTRICT
Río Este
Vernon Blvd
Río Este
21st St
STEINWAY
Ditmars Blvd
Astoria Blvd
ASTORIA
Grand Central Pkwy
Broadway
31st St
34th Ave
Steinway St
Beacon
Mountainville
CONNECTICUT
NEW YORK
Estrecho de Long Island
Excursiones
192
NUEVA JERSEY
Long Island
Nueva York
NUEVA YORK
The Pines
Coney Island
Océano Atlántico
Asbury Park
0
50 km

Arriba: Brooklyn Bridge Park (p. 118).

LOS MEJORES SITIOS PARA VER AVES

Mecas neoyorquinas de la observación de aves:

Central Park (p. 44)

Pelham Bay Park, el Bronx

Prospect Park (p. 130)

Jardín escultórico del MoMA (p. 54)

ZONAS VERDES **POR DOQUIER**

Nueva York es conocido por ser una ciudad de acero, cemento, carreteras y túneles. Pero los 1700 parques que hay repartidos por los cinco distritos de la urbe son un formidable contrapunto de verdor. Al margen del legendario y descomunal Central Park, el más famoso de todos, hay cientos de ellos, ideales para pasear sin prisas, trotar, disfrutar de un pícnic o, simplemente, pasar el rato.

Izda.: cardenal norteño, Central Park.
Dcha.: pájaros chapoteando en el Conservatory Garden de Central Park.
Abajo: Hudson River Park.

→ JARDINES SECRETOS

Una de las mejores maneras de disfrutar de los espacios verdes neoyorquinos es descubrir los jardines públicos escondidos por toda la ciudad.

STUDIOLASKA/SHUTTERSTOCK ©

UN DOSEL DE CEMENTO

Preciosas áreas verdes con un horizonte de edificios, como Little Island (p. 69) o la High Line (p. 70), demuestran el encomiable esfuerzo de Nueva York en pos de la arquitectura sostenible.

DCHA.: BORIS-B/SHUTTERSTOCK ©; IZDA.: IRINA NICKOLAEVA/SHUTTERSTOCK ©

↑ VISTAS DEL RÍO

Zonas verdes ribereñas, como Hudson River Park (p. 68), en West Village, ofrecen vistas inmejorables del río desde las orillas de Manhattan.

Las mejores experiencias al aire libre

- **Central Park, pulmón neoyorquino por antonomasia, comprende desde 59th St a 110th St.** (p. 44)
- **El emblemático horizonte de Manhattan desde Brooklyn Bridge Park.** (p. 118)
- **El famoso arco de Washington Square Park.** (p. 84)
- **Una actuación musical improvisada en Tompkins Square Park.** (p. 136)

PERFIL URBANO A LA CARTA

Nueva York depara decenas de espectaculares vistas. Tanto si apetece observar el imponente puente de Brooklyn desde Lower Manhattan o maravillarse ante las sobrecogedoras vistas de la ciudad desde lo alto del Empire State Building o desde el One World Observatory (p. 97) del One World Trade Center, la oferta es incesante.

VITEZSLAV VALKA/SHUTTERSTOCK ©

→ NUEVA YORK DESDE LAS ALTURAS

Con una de las vistas más icónicas de la ciudad, el Empire State Building (p. 58) brinda vistas panorámicas de Central Park, Midtown y Downtown.

Izda.: One World Observatory. **Dcha.:** vistas desde el Empire State Building. **Abajo:** vistas desde el Whitney Museum of Art.

MUELLES DEL CENTRO

El muelle 17 (p. 91), en Financial District, regala una de las mejores vistas del puente de Brooklyn desde Manhattan.

DCHA.: ARTYOORAN/SHUTTERSTOCK © IZDA.: F11PHOTO/SHUTTERSTOCK ©

↑ WEST SIDE

Las zonas más céntricas de West Side brindan vistas hermosas, sobre todo desde el Standard Hotel y el Whitney Museum of American Art (p. 70).

Vistas desde todos los ángulos

- **Otear la orilla de West Side desde el plácido Hudson River Park.** (p. 68)
- **Disfrutar de sensacionales vistas de los rascacielos de Nueva York desde el Brooklyn Bridge Park.** (p. 118)
- **Quedar fascinado ante las soberbias vistas de la Estatua de la Libertad desde el muelle A de Tribeca.** (p. 91)

PANORAMA CULINARIO **NEOYORQUINO**

En Nueva York se encuentra fantástica cocina de casi todos los países del planeta y estilos imaginables. Ya se quiera un festín de siete platos, comer un sencillo *hot dog* mientras se pasea, buscar el *gelato* perfecto o devorar el mejor *bagel* que jamás se haya probado, esta es la ciudad indicada.

Izda.: Katz's Delicatessen (p. 141).
Dcha.: puesto de un mercado, Chinatown, Flushing, Queens.
Abajo: cóctel en Manhattan.

→ LA QUINTAESENCIA EN QUEENS

En Flushing, Queens, se halla uno de los mejores barrios chinos del mundo (p. 185), con bocados caseros de casi todas las regiones del país oriental.

SILVIO SILVA/SHUTTERSTOCK ©

FUROR POR LOS 'BAGELS'

Nueva York es la meca de los *bagels;* Zabar's (p. 43) y Black Seed Bagels (p. 147), sus máximos exponentes.

DCHA.: BHOFACK2/GETTY IMAGES ©
IZDA.: MNAPHOTOGRAPHY/SHUTTERSTOCK ©

↑ MARTINIS Y MANHATTANS

A nadie extraña que Manhattan preste su nombre a un cóctel, y es que los sofisticados tragos de este distrito harán las delicias de cualquier bebedor sibarita.

Degustar lo mejor de la ciudad

- **En Queens, el barrio más multicultural del mundo, el abanico de propuestas culinarias internacionales no parece tener fin.** (p. 184)
- **Algunos de los mejores locales de 'bagels' se concentran en Lower East Side y East Village.** (p. 140)
- **Para una cena refinada, pruébense los acogedores restaurantes de Greenwich Village o los bares de vinos a la vera del río.** (p. 85)
- **Los bares de vinos y tapas de Tribeca son elegantes.** (p. 96)

JOYAS ARQUITECTÓNICAS **ABIERTAS AL PÚBLICO**

En Nueva York, algunas de las obras arquitectónicas más despampanantes y de los interiores más exquisitos no son privativos de unos pocos, pues, aunque no se aprecie a simple vista, son accesibles a todo el mundo. Desde el icónico techo de la Grand Central Terminal a las salas revestidas de mármol de la New York Public Library, el soberbio legado arquitectónico de esta gran urbe es un deleite para la vista.

Izda.: New York Public Library.
Dcha.: Grand Central Terminal.
Abajo: Trinity Church.

→ GRAND CENTRAL TERMINAL

Además de ser un ajetreado nudo de transportes, esta catedral laica es todo un prodigio de la arquitectura contemporánea.

PISAPHOTOGRAPHY/SHUTTERSTOCK ©

GRANDES BIBLIOTECAS

La visita a la New York Public Library y la Morgan Library and Museum (p. 95) cautivará tanto a los entusiastas de los libros como a los fanáticos de los museos.

DCHA.: LUNAMARINA/SHUTTERSTOCK ©, IZDA.: SASCHA KILMER/GETTY IMAGES ©

↑ EL ENCANTO DE LAS IGLESIAS

Aquí, las iglesias son divinas en mayúsculas, muy especialmente la antigua catedral de St Patrick (p. 148), Trinity Church (p. 93) y Plymouth Church (p. 125).

Interiores de ensueño

- **Admirar uno de los exteriores más excelsos de Frank Lloyd Wright en el Guggenheim Museum.** (p. 155)
- **Explorar durante horas las sensacionales salas del Metropolitan Museum of Art.** (p. 154)
- **Disfrutar del refinado interior de la Morgan Library and Museum.** (p. 59)
- **Disfrutar la belleza incomparable de la catedral de St Patrick.** (p. 61)

EN RECUERDO A LOS CAÍDOS

Monumento a los bomberos de NY (Greenwich St, Financial District)

Monumento a la policía de NY (Liberty St, Financial District)

Monumento a los caídos en la Guerra de Corea (The Battery, Financial District)

Plaza de los veteranos de Vietnam (Water St, Financial District)

CONMOVEDORES **MONUMENTOS**

Desde el desembarco de la Estatua de la Libertad como regalo de Francia a la acogida a los inmigrantes irlandeses, pasando por el respeto mostrado a los bomberos y civiles caídos en los atentados del 11 de septiembre del 2001, Nueva York alberga numerosos momentos conmovedores para el recuerdo, amén de hermosos monumentos conmemorativos que honran y mantienen viva su historia.

Lugares emotivos

- **Rendir tributo en el National September 11 Memorial and Museum.** (p. 92)
- **Ver la altísima Freedom Tower del One World Trade Center.** (p. 92)
- **La historia del Harlem en el Schomburg Center of Black Research.** (p. 73)
- **Una clase de historia en la tumba del general Grant, en el Upper West Side.** (p. 39; en la foto)

↘ CALLES ESPECIALIZADAS EN MODA

Madison Ave En Upper East Side.

Fifth Ave Entre 50th St y 59th St, en Midtown.

SoHo De 14th St a Canal St, en East Side y West Side.

Para información sobre el Museum at FIT, véase p. 76.

COMPRAR HASTA CAER RENDIDO

Si la idea es tener una experiencia comercial sin par, Nueva York, una de las capitales mundiales de la moda, sabrá cómo contentar al viajero, con calles convertidas en pasarelas donde poder lucirse y propuestas para todos los estilos, tanto en Uptown como en Midtown y Downtown.

Las mejores compras

- **Pasar por Pippin Vintage Jewelry para vivir una inolvidable experiencia de lujo.** (p. 78)
- **Peinar los percheros de Kirna Zabete, con grandes marcas y prendas de estilo europeo.** (p. 112)
- **Observar el insólito y vistoso mural de un pavo real en Yumi Kim.** (p. 164)
- **Ralph Lauren es parada obligada para diseño estadounidense clásico.** (p. 164; en la foto)

RBLFMR/SHUTTERSTOCK ©

DE VINOS

Nueva York goza de una floreciente cultura de bares y *pubs*. El panorama vinícola, en cambio, corta la respiración del más avezado, pues se sirven caldos de todo el orbe y hay variedades para todos los gustos. Los establecimientos especializados suelen servir tapas y picoteo para sacar el máximo partido de cada copa. ¡Salud!

¡Viva el vino!

- **Sorber una copita con vistas a Hudson River Park en City Winery.** (p. 85)
- **Brindar con champán en el cálido bar de vinos Ruffian, en East Village.** (p. 147)
- **Surtirse de vino en Uva y enfilar hacia Central Park para montar un buen pícnic.** (p. 165)

IZDA.: FTIARE/SHUTTERSTOCK ©; ABAJO: MADELEINE JETTRE/ALAMY STOCK PHOTO ©

★ DE VINOS A ALTAS HORAS

Con cocina abierta hasta las 2.00 y una carta de vinos impresionante, Uva es el referente del momento en Uptown.

← VINO SUDAFRICANO

La cultura del vino neoyorquina se destaca por su variedad, y uno de sus puntales es Kaia Wine Bar, local especializado en vinos y gastronomía de Sudáfrica.

Arriba izda.: copa de vino con Manhattan al fondo.
Abajo izda.: City Winery.

CERVECERÍAS **Y BARES DE COPAS**

Conocido por su oropel, glamur y sofisticación, la ciudad que nunca duerme es también un edén de garitos con estilo propio. Todas las noches abren locales que ofrecen "cerveza más chupito" y bares con gramola a la vieja usanza, ideales ambos para calentar motores antes de salir de juerga.

★ COCTELERÍAS CLÁSICAS

Manhattan tiene una soberbia selección de coctelerías. Little Branch (p. 85) es el icono de Downtown, mientras que 67 Orange (p. 178) triunfa con cócteles, como el Santa Rockey. Si gusta el vodka, no hay que perderse Russian Vodka Room (p. 63).

Los mejores bares

- **Ryan's Daughter, en el Upper East Side, lleva sirviendo tragos desde 1979.** (p. 163)
- **Biddy's Pub es un bar de ambiente agradable, decorado con luces navideñas.** (p. 163)
- **Una animada clientela frecuenta Lucky, un bar de East Village con cerveza barata.** (p. 137)
- **La terraza de Five Mile Stone es genial para ver la vida pasar.** (p. 163)

CERVEZA ARTESANA EN WILLIAMSBURG

Williamsburg, en Brooklyn, no es solo enormemente atractiva, sino también un sofisticado elenco de cerveza artesana (p. 126). Destacan Talea y Grimm Artisanal Ales.

Arriba izda.: cerveza, Strong Rope Brewery, Williamsburg. **Abajo izda.:** cócteles.

↓ Tribeca Film Festival

Una buena ocasión para ver cine independiente y, con suerte, algún que otro famoso.

Tribeca; p. 95

▶ tribecafilm.com

↓ Central Park

Summerstage suele ofrecer conciertos gratuitos (véase la programación en línea) mientras que Shakespeare in the Park recuerda al Bardo con multitud de funciones.

▶ cityparksfoundation.org/summerstage

↓ Cuatro de Julio

Los bares de azotea más exclusivos celebran fiestas con vistas a los fuegos artificiales que conmemoran el Día de la Independencia de EE UU; resérvese una semana o dos antes.

JUNIO

Máxima media diurna en junio: 27°C
Días de lluvia: 8

JULIO

El verano neoyorquino tiende a ser bastante húmedo. Se recomienda llevar prendas ligeras y, cada tanto, entrar en las tiendas para darse una tregua.

Nueva York en VERANO

Los bares de azotea causan furor en esta época, sobre todo en los hoteles del centro de Manhattan y en Brooklyn.

↗ Playas

Algunas opciones recomendables son Rockaway Beach en Queens, Coney Island y Manhattan Beach en Brooklyn; o, como excursión de un día, los Hamptons.

↓ Afropunk

En agosto, Brooklyn celebra el Afropunk. En varios barrios (desde Midtown a Chelsea) cada fin de semana se montan ferias callejeras, y el Chinatown de Flushing acoge el mercado nocturno de Queens.

AGOSTO

Máxima media diurna en julio:
29°C
Días de lluvia: 8

Máxima media diurna en agosto:
29°C
Días de lluvia: 7

El verano es el pico turístico: cabe esperar largas colas y multitudes en los principales monumentos y puntos de interés, así como hoteles más caros.

Qué llevar

Paraguas para las lluvias esporádicas, protector solar y gafas de sol, y calzado cómodo.

Consulta los eventos mes a mes

→ Fin de semana del Día del Trabajo

Desde el desfile del West Indian Day en Brooklyn a disfrutar del último día de la temporada de playa, esta fecha tan señalada trae consigo infinidad de actos y festejos.

↙ Fashion Week

Durante la Semana de la Moda los enclaves turísticos más populares de Manhattan suelen estar más concurridos de lo habitual.

▶ nyfw.com

← Fiestas de San Gennaro

En Little Italy se venden dulces y tentempiés italianos, bebidas alcohólicas y se instala una feria.

Little Italy; p. 149

▶ sangennaronyc.org

Central Park (Manhattan) y Prospect Park (Brooklyn) son lugares estupendos para inmortalizar el bello follaje otoñal.

SEPTIEMBRE

Máxima media diurna en septiembre: 24°C
Días de lluvia: 7

OCTUBRE

Nueva York en OTOÑO

↙ Víspera de Acción de Gracias

Unos cuantos restaurantes abren para que las familias puedan comer fuera durante esta jornada festiva. No hay que perderse las fiestas que se celebran la víspera en las zonas más animadas de la ciudad como Meatpacking District.

↑ Halloween y Día de Acción de Gracias

Participar en el desfile anual de Halloween que recorre el centro de Manhattan y pasarlo pipa en las muchas fiestas que se celebran.

Máxima media diurna en octubre:
18°C
Días de lluvia: 6

NOVIEMBRE

Máxima media diurna en noviembre:
13°C
Días de lluvia: 7

Qué llevar

Ropa de entretiempo y calzado cómodo. No hay que olvidar la cámara para capturar los preciosos tonos otoñales.

↓ Mercados navideños

La Navidad insufla un ambiente renovado a la ciudad y abundan las opciones para darse un capricho. Los mercados más grandes están en Bryant Park, Times Square, Union Square y Columbus Circle.

↓ Escaparates

En Midtown podrán verse los embriagadores despliegues navideños de comercios como Saks, Macy's y Bloomingdales.

↓ Fiesta de Fin de Año

Las entradas son más económicas si se compran al menos con un mes de antelación, sobre todo para los lugares más solicitados. Las tarifas nocturnas de los taxis se incrementan exponencialmente.

DICIEMBRE

ENERO

Máxima media diurna en diciembre: 7°C
Días de lluvia: 8

Nueva York en INVIERNO

← Caída de la bola en Times Square

Para asistir a este acontecimiento, conviene llegar temprano, abrigarse bien y estar dispuesto a esperar de pie durante horas.

Enero suele ser el mes más frío, pero, también, el de menor afluencia turística. Una época genial para disfrutar de la ciudad sin aglomeraciones.

↙ Patinaje sobre hielo

Visitar el Rockefeller Center para ver el famoso árbol de Navidad antes de patinar en su pista de hielo, actividad que también puede practicarse en Bryant Park y en Brookfield Place, cerca del World Trade Center.

Las tormentas de nieve son algo habitual, y esta puede persistir durante semanas en las aceras: es fundamental llevar calzado adecuado.

Máxima media diurna en enero:
4°C
Días de lluvia: 8

FEBRERO

Máxima media diurna en febrero:
6°C
Días de lluvia: 7

Qué llevar

Ropa de abrigo (guantes, bufanda y gorro de lana incluidos) y unas buenas botas.

La temporada de lluvias coincide con la primavera: cabe esperar chaparrones, máxime en abril y a principios de mayo.

Llevar varias capas de ropa ligera: en esta época del año, las temperaturas fluctúan, pudiendo hacer calor por la tarde y refrescar de noche.

↖ Flores primaverales

La llegada de la primavera despierta del letargo a los diferentes jardines de la ciudad. A principios de abril se puede ver la floración de los cerezos en el jardín botánico de Brooklyn.

MARZO

Máxima media diurna en marzo: 11°C
Días de lluvia: 8

ABRIL

Nueva York en PRIMAVERA

ALON ADIKA/SHUTTERSTOCK ©, EDUARDO MUNOZ/REUTERS/ ALAMY STOCK PHOTO ©, MANU PADILLA/SHUTTERSTOCK©, TRISTAN O'TIERNEY/GETTY IMAGES ©

↓ Temporada de béisbol

La campaña echa a andar. Para asistir a un partido en el Yankee Stadium del Bronx, basta ver el calendario y conseguir entradas.

📍 El Bronx

▸ mlb.com/yankees

↘ Memorial Day

Con multitud de fiestas programadas durante el fin de semana, marca el inicio del verano y de la temporada de playa.

Los alérgicos empiezan a pasarlo muy mal en mayo; hay que tenerlo en cuenta, sobre todo si se pasa junto a parques con alta concentración de polen. En las farmacias dispensan medicamentos que no precisan receta.

Máxima media diurna en abril:
18°C
Días de lluvia: 8

MAYO

Máxima media diurna en mayo:
22°C
Días de lluvia: 9

Qué llevar

Chaqueta impermeable ligera, paraguas y, si se es alérgico al polen, antihistamínicos.

MI DÍA PERFECTO EN NUEVA YORK

Por Dana Givens
@danawritesalot

CULTURA, DIVERSIÓN Y ARTE

Los días soleados desayuno o voy de *brunch* a Sarabeth's, en Upper West Side. Desde allí, cruzo Central Park y hago una parada en el Metropolitan Art Museum para ver la exposición de trajes y otras secciones interesantes. Luego, pongo rumbo a East Village, previo paso por el centro, y me doy una vuelta por St Mark's Place para comer algo en alguno de los pequeños restaurantes japoneses de la zona como Kenka. Después, sigo hasta W 4th St y disfruto de un espectáculo de comedia y unas copas en el Fat Black Pussycat.

↙ LAS MEJORES EXPERIENCIAS CULTURALES

Tras visitar el Museum of Sex en Chelsea y el Museum of Ice Cream (p. 113) en West Village, Spyscape, en Midtown, es ideal para emular a James Bond.

DAN HERRICK/LONELY PLANET ©

DPA PICTURE ALLIANCE/ALAMY STOCK PHOTO ©

Arriba izda.: Museum of Sex. **Arriba dcha.:** Museum of Ice Cream. **Pág. siguiente:** High Line.

ARQUITECTURA, ARTE Y GASTRONOMÍA

Por John Garry
@garryjohnfrancis

Disfrutar de un estimulante paseo matinal entre las preciosas casas de piedra rojiza de Brooklyn Heights mientras se saborea una *galette* de Poppy's. Una vez en Brooklyn Heights Promenade (p. 122), otear el perfil de Manhattan y, luego, cruzar en bici el puente de Brooklyn para obtener sensacionales vistas del río. Hacer un alto en Meatpacking District para echar un vistazo a la colección permanente de arte contemporáneo del Whitney's (p. 70), antes de pasear por High Line (p. 70) y admirar las estilosas creaciones de arquitectos de renombre.

POR QUÉ ADORO NUEVA YORK

Nueva York conserva todo su magnetismo, resistiéndose a envejecer. Y es que cada vez que creo haberlo visto todo, la ciudad logra sorprenderme una vez más.

MASSIMO SALESI/SHUTTERSTOCK ©

ARTE, GASTRONOMÍA Y VISTAS ÉPICAS

Por Harmony Difo
harmonydifo.com

Tras ver amanecer desde lo alto de un rascacielos, se toma el *brunch* en algún bistró de Midtown. Luego, se atraviesa el centro de Manhattan hacia el Whitney Museum of American Art (p. 70) y las galerías de Chelsea, antes de recorrer High Line (p. 70). Para despedirse del sol, Hudson River Park (p. 68) y, luego, cenar en algún local de West Village y cantar hasta desgañitarse en Marie's Crisis (p. 74). Entregarse a la noche en algún bareto punk, club o garito de East Village. Y, como colofón, derrochar con una copa en el selecto Bowery Hotel. ¡Inmejorable!

POR QUÉ ME GUSTA NUEVA YORK

Nueva York es un estupendo matrimonio de opuestos: creativo y salvaje, pero siempre profesional, cuidadosamente estructurado, pero libre y anárquico.

7 consejos sobre NUEVA YORK

RECOMENDACIONES PARA EMPEZAR CON BUEN PIE

1 Moverse sin coche

Conducir es caro y, lejos de lo que cabría esperar, no reduce los tiempos de viaje, máxime en desplazamientos a lugares como SoHo o Midtown, donde aparcar no es precisamente barato. Lo mejor es optar por el metro. Y en vez de usar Uber o Lyft, descargarse la *app* de Curbed y pedir un taxi amarillo o verde.

▶ Más información sobre cómo desplazarse en p. 210.

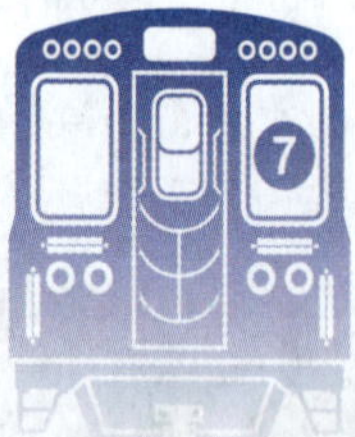

2 ¡Ubicación, ubicación!

Se aconseja hospedarse en un barrio acorde al tipo de viaje que se haya planeado y a las expectativas de la visita a la ciudad. Si se va a salir mucho de fiesta, conviene buscar un alojamiento céntrico, cerca de los principales clubes y bares. Si se busca tranquilidad, es mejor Upper East Side, a un paso de museos y tiendas. Los entusiastas de los pequeños bares y restaurantes deberán elegir Upper West Side.

3 Respetar las normas peatonales

Los neoyorquinos caminan rápido y se rigen por sus propias normas de circulación. Hay que caminar por la derecha y evitar detenerse repentinamente.

4 El calzado, ante todo, cómodo

Pese al excelente transporte público, en Nueva York se camina mucho, de ahí que un calzado cómodo sea vital. También hay que moverse siempre con tiempo de sobra, pues son habituales las obras e interrupciones en el metro.

5 Transporte económico al aeropuerto

Si no atrae la idea de usar Uber ni Lyft, cabe tomar el LIRR hasta la estación Jamaica y allí subirse al AirTrain al aeropuerto JFK. Otra opción es tomar el tren E, J o Z de la MTA hasta la estación de Sutphin Blvd-Archer Ave-JFK Airport, seguir los letreros a Jamaica y, luego, continuar en el AirTrain hasta el JFK. Para LaGuardia, tómese el tren 6 hasta 125th St y luego, el autobús M60.

▶ Más información sobre cómo llegar a Nueva York en la p. 208.

6 'Subway', el aliado perfecto

Múltiples líneas de metro conectan Manhattan, Brooklyn, Queens y el Bronx. El único distrito al que no llega el tren es Staten Island, accesible en ferri. Y aunque de entrada es fácil confundirse con las distintas líneas, el metro es el transporte más sencillo que recorre la ciudad. La *app* MyMTA ofrece los horarios, rutas y novedades de todas las líneas. También pueden consultarse en línea (new.mta.info) los cambios o retrasos previstos.

Las líneas 4, 5 y 6 dan servicio principalmente a la zona este de Manhattan; por la 4 y la 5 circulan trenes exprés, mientras que los de la 6 efectúan paradas en cada estación. Las líneas 1, 2 y 3 cubren la zona oeste: por la 2 y la 3 circulan trenes exprés y por la 1, convoyes que paran en cada estación. Las líneas A, C y E y B, D y F atienden la región oeste y sur de Manhattan, respectivamente.

7 Times Square con menos agobios

La famosa plaza es territorio privativo de grandes comercios y cadenas de restaurantes. Al margen de ir de compras o ver algún espectáculo del cercano Broadway, no hay mucho que hacer por estos lares. Una buena idea es esperar hasta pasadas las 22.00 para evitar el gentío y disfrutar del ambiente.

Libros, música, cine y webs

LIBROS

La fabulosa taberna de McSorley (Joseph Mitchell; 2017) Compilación de 27 historias de la Gran Manzana que permiten entender las décadas 30 y 40 del siglo xx.

Cuando Harlem estaba de moda (David Levering Lewis; 2014) Crónica del Renacimiento de Harlem en la década de 1920.

Me llamo Nueva York (Francesc Peirón; 2019) Conocer Nueva York a través de varios testimonios locales.

Noches sin dormir (Elvira Lindo; 2015) Una visión personal y literaria sobre Nueva York.

MÚSICA

The Blueprint (Jay-Z; 2001) Álbum de *hip-hop* cimentado sobre el sonido Nueva York de uno de los grandes del género.

Get Rich or Die Tryin' (50 Cent; 2003) Icónico álbum que cambió el *hip-hop* para los artistas locales.

West Side Story (Reparto original; 1957) Famoso musical de Broadway que versa sobre la vida de la comunidad puertorriqueña en Nueva York.

Like a Virgin (Madonna; 1983) Legendario LP de la estrella del pop que alimentó las fantasías neoyorquinas de toda una generación.

VINYLS/ALAMY STOCK PHOTO ©

The Bowery Boys (Thomas Meyers y Greg Young; 2007) *Podcast* en inglés que repasa distintos acontecimientos y figuras históricos de Nueva York.

CINE

Desayuno con diamantes (1961) Audrey Hepburn interpreta a una mujer que se enamora de un escritor en apuros.

Haz lo que debas (1989) Narra una encendida disputa racial entre vecinos de Brooklyn una sofocante jornada de calor.

Annie (2014) Adaptación cinematográfica del musical de Broadway sobre una huérfana adoptada por un millonario.

El diablo viste de Prada (2006) Visión del mundo de la moda en Nueva York desde dentro.

Rent (2005) Película adaptada del musical homónimo en torno a las vicisitudes de un grupo de bohemios neoyorquinos.

RALF LIEBHOLD/SHUTTERSTOCK ©

ANTHONY BARBOZA/GETTY IMAGES ©

WEBS

@humansofny
Cuenta oficial de los Humanos de Nueva York.

@lovelettertonewyorkcity
Fotos de NY seleccionadas por la *influencer* de los viajes NastasiaYakoub

@dancalders
Instantáneas de NY obra del fotógrafo Dan Calderwood.

Alfred Pommer
(nycwalk.com) Circuitos históricos a pie por todo Manhattan, en inglés.

@KarenBritChick
YouTuber que documenta su día a día en la gran ciudad.

UPPER WEST SIDE

HISTÓRICO | SOFISTICADO | SERENO

Explora Upper West Side en línea

UPPER WEST SIDE

Plan de viaje

IMPRESCINDIBLES Y JOYAS OCULTAS

Entre Central Park y el río Hudson se encuentra encajonado este trocito de elegancia clásica que invita a deleitar la vista con edificios de apartamentos de comienzos del s. xx, saciar el apetito de cultura en referentes como el Lincoln Center y paladear bocados neoyorquinos por antonomasia antes de relajarse en alguno de sus serenos rincones verdes.

Información

Lo mejor Parques inmaculados, artes escénicas, cocina informal y arquitectura.

Cómo llegar Líneas 1/2/3 y B/C, entre las estaciones de Columbus y 110th St. Hay que tener en cuenta que los trenes de las líneas A y D pasan directamente de Columbus Circle a Harlem.

Cómo desplazarse A pie.

Consejo Descartar las grandes cadenas de Broadway en pos de las pequeñas *boutiques* y restaurantes de Amsterdam y Columbus.

Relajarse cerveza en mano en **Ellington in the Park** (p. 38) mientras el sol se oculta detrás del río Hudson.
7 min desde la estación de 103rd St

Caminar por el arbolado de **Riverside Park** (p. 38).
10 min desde la estación de 86th St

Recorrer el tramo entre **70th St** y **89th St** (p. 34) para admirar edificios de comienzos del s. xx, como el Dakota.
1 min desde la estación de 72nd St

Río Hudson

0 500 m

EILEEN_10/SHUTTERSTOCK ©, MIHAI_ANDRITOIU/SHUTTERSTOCK ©, MASSIMO SALESI/SHUTTERSTOCK ©
DOBLE PÁGINA ANTERIOR: FRANCOIS ROUX/SHUTTERSTOCK ©

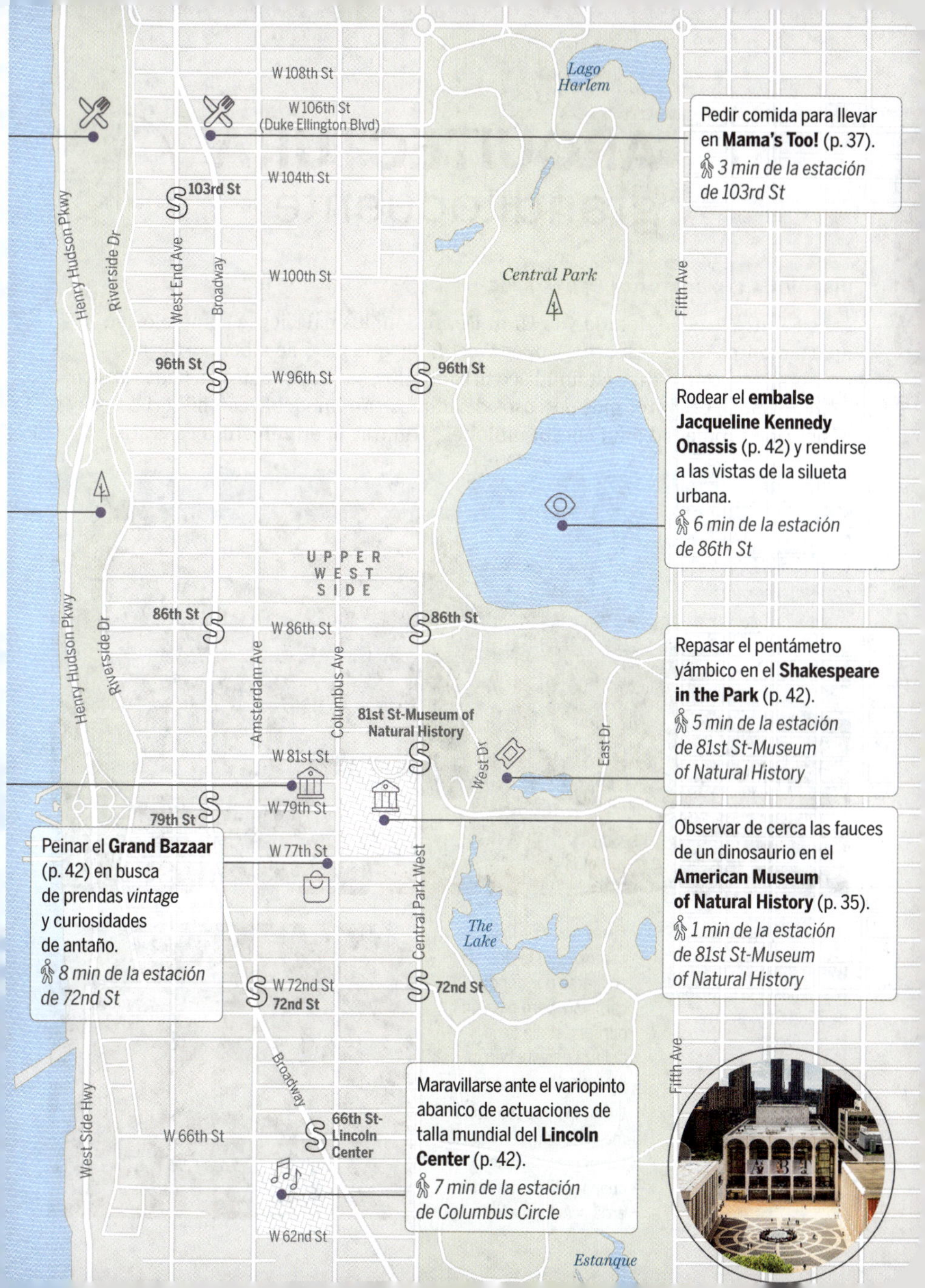

Pedir comida para llevar en **Mama's Too!** (p. 37).
3 min de la estación de 103rd St

Rodear el **embalse Jacqueline Kennedy Onassis** (p. 42) y rendirse a las vistas de la silueta urbana.
6 min de la estación de 86th St

Repasar el pentámetro yámbico en el **Shakespeare in the Park** (p. 42).
5 min de la estación de 81st St-Museum of Natural History

Observar de cerca las fauces de un dinosaurio en el **American Museum of Natural History** (p. 35).
1 min de la estación de 81st St-Museum of Natural History

Peinar el **Grand Bazaar** (p. 42) en busca de prendas *vintage* y curiosidades de antaño.
8 min de la estación de 72nd St

Maravillarse ante el variopinto abanico de actuaciones de talla mundial del **Lincoln Center** (p. 42).
7 min de la estación de Columbus Circle

01 ARQUITECTURA grandilocuente

HISTÓRICA | MAJESTUOSA | RUTA A PIE

Entre la edad dorada y la Gran Depresión, los palaciegos complejos de apartamentos transformaron Upper West Side, que pasó de albergar tierras de labranza a convertirse en un Elíseo urbano. Hoy, sus imponentes fachadas atraen a acaudalados neoyorquinos deseosos de adquirir un inmueble con historia. Tener una propiedad aquí cuesta millones; admirar la arquitectura es gratis.

RAVENASH/SHUTTERSTOCK ©

Información

Cómo desplazarse 1/2/3 hasta la estación de 72nd St y recorrer la zona a pie.

Cuándo ir Para contemplar el barrio en todo su esplendor, una mañana o tarde soleada.

Mirar arriba A los peatones se les insiste en fijarse por dónde caminan, pero para no perder detalle de la belleza de este barrio hay que alzar la vista.

Otra perspectiva Como mejor se admiran detalles tales como cornisas y chapiteles es situándose en la acera opuesta.

SAMARQ/GETTY IMAGES ©

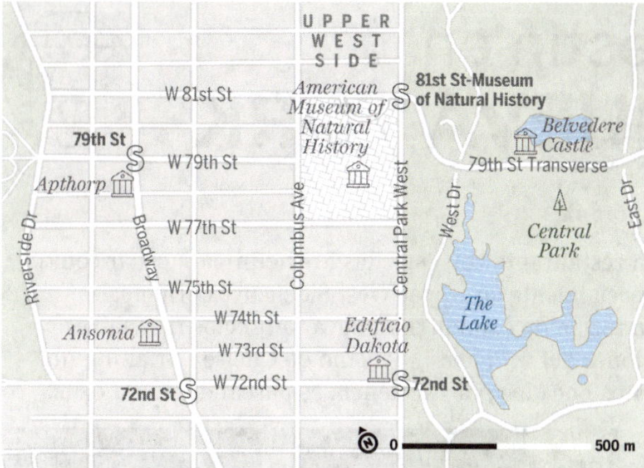

Arriba izda.: American Museum of Natural History.
Abajo izda.: el Ansonia.

Arquitectura 'Beaux Arts' Se puede empezar por la historiada extravagancia del **Ansonia** (1904). En la década de 1970, Bette Midler cantó a viva voz ante los chicos de los Continental Baths, una casa de baños para homosexuales y cabaré que en tiempo ocupó el sótano.

La envidia del barrio Antes de cruzar las puertas de hierro forjado del **Apthorp** (1908), el complejo neorrenacentista donde vivió durante 24 años la guionista Nora Ephron, conviene leer el ensayo *Moving On, A Love Story*, escrito por ella en el 2006.

Fusión clásica y contemporánea Pasear hacia Theodore Roosevelt Park para maravillarse con el **American Museum of Natural History** y, luego, rodear el recinto para ver un batiburrillo de estilos historicistas y contemporáneos fechados entre la década de 1870 y la actualidad. Tras ver el exterior, no hay que dejar de visitar las exposiciones, que incluyen desde fósiles de dinosaurios a hallazgos extraterrestres.

Enclave de fábula El **Belvedere Castle** (1872) es un capricho victoriano en pleno Central Park, con miradores panorámicos. Al suroeste se alza el San Remo (1931), obra maestra *art déco* con torres gemelas de caliza.

Si las paredes hablaran... Saliendo del parque hacia 72nd St se verá el el edificio **Dakota** (1884), cuya exclusiva comunidad de propietarios llegó a rechazar incluso a la cantante Cher. Son muchos los famosos que han residido en este edificio de inspiración neogótica, pero ninguno tan estrechamente asociado a él como John Lennon, trágicamente asesinado en 1980 junto a la entrada.

Europa, a orillas del Hudson

Pese a haber crecido en el Upper West Side (donde, además, fui alumna del conservatorio Juilliard School), puedo decir que siempre me ha asombrado la opulencia de los edificios de apartamentos construidos aquí. Me recordaban a la arquitectura que había visto en Europa, y empecé a conocerlos uno a uno por su nombre, todos precedidos de un solemne artículo determinado.

Recomiendo muy especialmente la cúpula del Ansonia, donde, durante la II Guerra Mundial, se cegó el tragaluz como medida de precaución ante posibles bombardeos.

Por Michelle Young, *fundadora de Untapped New York y profesora de arquitectura en la Universidad de Columbia, @untappedmich.*

02 Festín en NUEVA YORK

AUTÉNTICA | CLÁSICA | DELICIOSA

No hace falta ir a un restaurante con estrellas Michelin para cenar como un rey, y esto se cumple especialmente en Upper West Side, cuyos principales reclamos se manifiestan en forma de comida para llevar a precios razonables. Siguiendo las recomendaciones del *influencer* y vecino de Chelsea Brian Lindo, como mejor se saborean estos bocados por excelencia es paseando por la calle.

ANGELA HOOSON/GETTY IMAGES ©

Información

Cómo llegar Líneas 1/2/3 hasta el punto de inicio preferido, entre las estaciones de las calles 72nd y 103rd.

Cuándo ir Para huir de las multitudes, interesa llegar justo cuando abren o fuera del horario de comidas. Fundamental armarse de paciencia.

De pícnic Se puede llevar la comida al cercano Riverside Park o a Central Park, donde abundan los bancos y mesas.

Cocinas multiculturales

No hay ningún otro lugar en el mundo con mayor variedad gastronómica y donde sea más fácil acceder a ella. Esta semana, sin ir más lejos, he degustado comida jamaicana, tailandesa, italiana, coreana y estadounidense, todo ello sumamente auténtico.

Por Brian Lindo, *influencer de gastronomía y estilo de vida, @Briancantstopeating.*

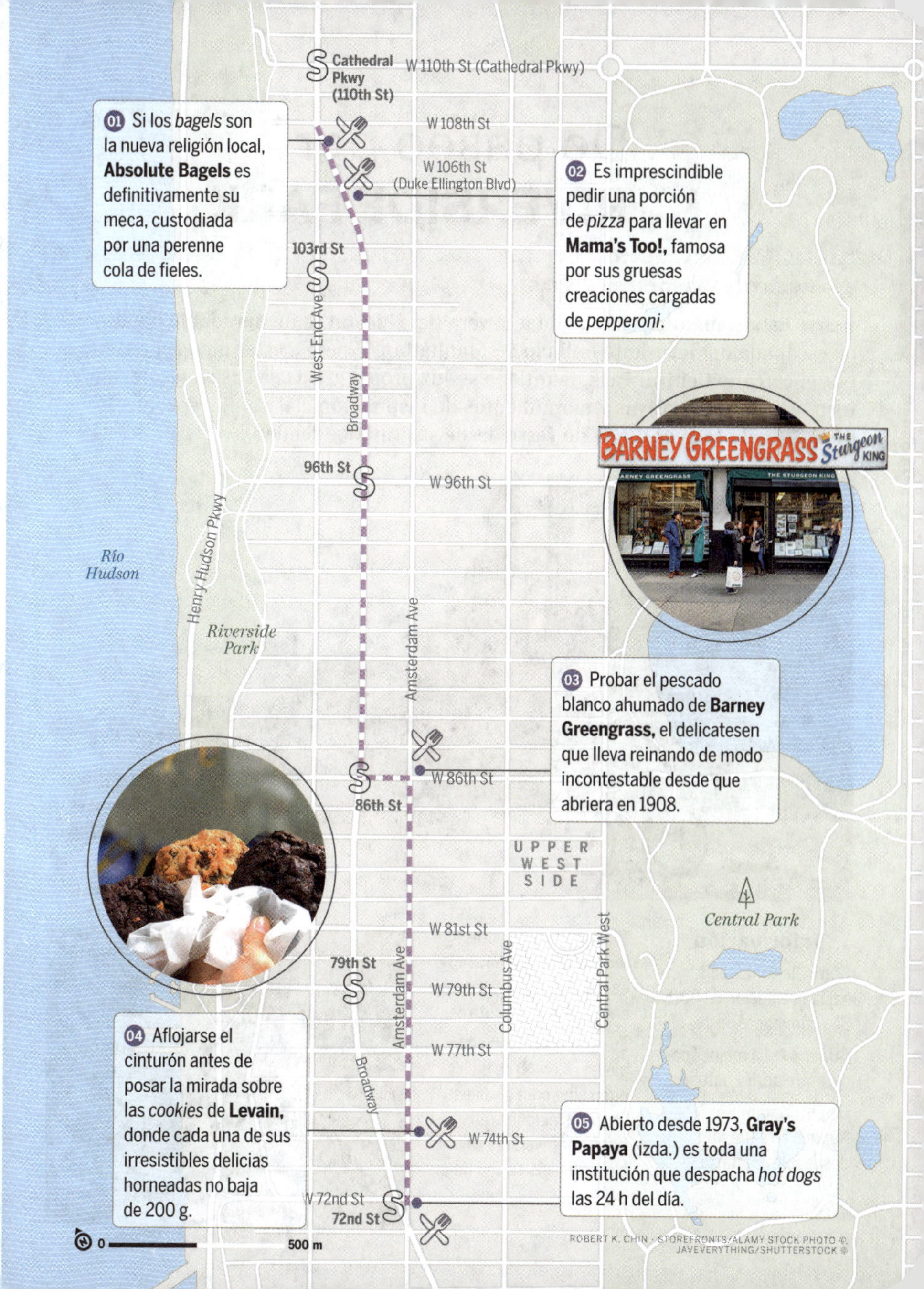

01 Si los *bagels* son la nueva religión local, **Absolute Bagels** es definitivamente su meca, custodiada por una perenne cola de fieles.

02 Es imprescindible pedir una porción de *pizza* para llevar en **Mama's Too!,** famosa por sus gruesas creaciones cargadas de *pepperoni*.

03 Probar el pescado blanco ahumado de **Barney Greengrass,** el delicatesen que lleva reinando de modo incontestable desde que abriera en 1908.

04 Aflojarse el cinturón antes de posar la mirada sobre las *cookies* de **Levain,** donde cada una de sus irresistibles delicias horneadas no baja de 200 g.

05 Abierto desde 1973, **Gray's Papaya** (izda.) es toda una institución que despacha *hot dogs* las 24 h del día.

03 De paseo por RIVERSIDE PARK

MONUMENTOS | JARDINES | VISTAS

Esta romántica explanada a la vera del Hudson es un agradable lugar de escapada del incesante bullicio de Manhattan. Y pese a estar algo eclipsada por el cercano Central Park, mantiene su luz propia gracias a sus vistas del agua, instalaciones recreativas y monumentos de inspiración clásica. El espectáculo de luces del ocaso es digno de verse desde sus tupidos senderos.

JAMES ANDREWSI/SHUTTERSTOCK ©

Información

Cómo llegar Línea 1 hasta la estación de 86th St y caminar el oeste.

Cuándo ir La mejor época, entre abril y octubre.

Elegir un camino Aunque se extiende desde 59th St hasta 155th St, sus mayores reclamos se concentran en el tramo superior, entre 89th St y 105th St.

En bicicleta El apacible paseo ribereño es un buen sitio para pedalear. En las estaciones repartidas por Riverside Dr alquilan bicis de Citi Bike.

FELIX LIPOV/SHUTTERSTOCK ©

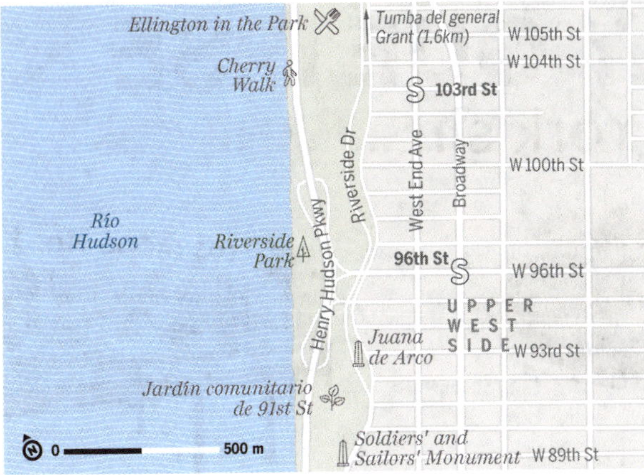

Arriba izda.: paseo ribereño, Riverside Park.
Abajo izda.: estatua de Juana de Arco.

Inspiración griega Engalanado con 12 columnas corintias dispuestas en círculo, el **Soldiers' and Sailors' Monument** (1902) se inspira en la ateniense Linterna de Lisícrates, y recuerda a los soldados unionistas que sirvieron en la Guerra de Secesión. Ejerce de complemento de la tumba de Grant, 3 km más al norte, última morada del célebre general y 18º presidente estadounidense.

Romance floral De primavera a otoño, un grupo de voluntarios cuida del **jardín comunitario de 91st St,** un ensoñador vergel inmortalizado en la comedia romántica de Nora Ephron *Tienes un e-mail*. Merece la pena detenerse a contemplar sus inmaculados parterres.

Apogeo primaveral En abril y mayo, miles de pétalos rosáceos brotan de los árboles que flanquean el **Cherry Walk,** entre 100th St y 125th St, lugar de descanso predilecto de los neoyorquinos.

Cena con vistas Se recomienda hacerse con una mesa de pícnic y saborear comida de *pub* en **Ellington in the Park,** un informal restaurante al aire libre encarado al río. Hay que llegar antes del ocaso para ver el sol esconderse en el Hudson. Abre de 11.00 a 23.00, de abril a octubre.

La 'Juana' de Riverside Park

La **estatua de Juana de Arco,** que se alza imponente en 93rd St, es objeto tanto de celebración como de reflexión. Para empezar, está la figura de Juana, patrona de Francia: primero, ensalzada; luego, quemada; y, finalmente, canonizada. La escultura, culminada en 1915, fue la primera que Nueva York dedicaba a una mujer real. Y la creó otra mujer, la galardonada escultora estadounidense Anna Hyatt Huntington. El pedestal de granito, diseñado por John van Pelt, incorpora bloques de caliza de la torre de Ruan donde Juana permaneció recluida antes de su muerte.

Por Lucie Levine, *historiadora y escritora, fundadora del circuito histórico y la empresa de eventos Archive on Parade, @archiveonparade.*

NO HAY QUE IRSE
de Nueva York sin...

01

06

02

03

04

05

01 Comerse una 'cookie' blanquinegra

Panaderías, bares, episodios de *Seinfeld*... las icónicas galletas neoyorquinas están por doquier.

02 Un vaso que diga "We Are Happy to Serve You"

La *anthora* (el vaso de papel que suele encontrarse en las cafeterías locales) lleva usándose desde la década de 1960.

03 Una bolsa del 'New Yorker'

Estas bolsas de tela son símbolo de estatus y accesorio indispensable de intelectuales y frikis.

04 Probar el pudin de banana de Magnolia

Aunque *Sexo en Nueva York* puso en el mapa los *cupcakes* de Magnolia, su verdadera creación estrella es el *banana pudding*.

05 Una camiseta 'vintage' de Beacon's Closet

Hurgar entre sus exhibidores en busca de prendas de diseño tiradas de precio es un rito de iniciación en moda.

06 Descubrir Los Tacos N.º 1

Auténticos tacos mexicanos de un puesto del mercado de Chelsea.

01 RACHEL MOON/SHUTTERSTOCK ©, **02** BOKEHBOO STUDIOS/SHUTTERSTOCK ©, **03** ALEXI ROSENFELD/GETTY IMAGES ©, **04** GORAN VRHOVAC/SHUTTERSTOCK ©, **05** ROBERT K. CHIN - STOREFRONTS/ALAMY STOCK PHOTO © **06** ROBERT K. CHIN - STOREFRONTS/ALAMY STOCK PHOTO ©, **07** DESIGN PICS/ALAMY STOCK PHOTO ©

10

08

11

09

12

07

13

07 Un paraguas barato inservible

Almacenar una colección de endebles paraguas es tradición.

08 Visitar Superiority Burger

Este puntal vegano sirve sabrosas hamburguesas.

09 Ropa local

No hay mayor expresión del lema "I love NY" que lucir un accesorio de alguna institución neoyorquina.

10 Degustar la tarta de queso de Junior's

Hay que probar la mejor *cheesecake* de estilo neoyorquino en la primera sucursal de Junior's, inaugurada en 1950 en el centro de Brooklyn.

11 Un selfi con el puente de Manhattan de fondo

Todo un clásico, en el cruce entre Water St y Washington St, en Dumbo.

12 Descubrir los 'pierogi' de Veselka

En St Mark's Place, *pierogi* de estilo ucraniano desde 1954.

13 Un programa de Broadway

Aunque el espectáculo termine una vez se baja el telón, su programa dura para siempre.

08 ABEL URIBE/TRIBUNE CONTENT AGENCY LLC/ALAMY STOCK PHOTO ©, **09** HENRIK A. JONSSON/SHUTTERSTOCK ©, **10** ANTHONY PLEVA/ALAMY STOCK PHOTO ©, **11** OLIVER FOERSTNER/SHUTTERSTOCK ©, **12** BRENT HOFACKER/SHUTTERSTOCK©, **13** JAY FOG/SHUTTERSTOCK©

Sugerencias

NO TE PIERDAS...

Arte y cultura

Lincoln Center

Varios edificios dominan este complejo modernista que acoge las mejores veladas de música clásica de la ciudad, ya sea a cargo de la Metropolitan Opera, la New York Philharmonic o el New York City Ballet.

Shakespeare in the Park

Todos los veranos, el Delacorte Theater de Central Park sirve de escenario al aire libre de dos magníficas producciones de obras de Shakespeare. No se cobra entrada, pero habrá que hacer cola o ganar el sorteo digital de TodayTix el mismo día de la función.

Beacon Theater

Artistas de relumbrón y figuras universales, como Jerry Seinfeld, Radiohead o el dalái lama, llenan el interior dorado de este antiguo teatro de vodevil erigido en 1929.

New-York Historical Society

Fundado en 1804, el museo más antiguo de Nueva York alberga una enorme colección de arte y objetos que esboza la cultura y política de la ciudad y el resto del país. La visita lleva unas 2 h.

'Hammer Boy' (el niño del martillo), de Banksy

En el 2013, los dueños de Zabar's protegieron con plexiglás la obra pintada con aerosol sobre esténcil por el grafitero británico. Queda a la vuelta de la esquina desde DSW, en 79th St.

Comida y mercadillos

Grand Bazaar NYC

Un selecto despliegue de artesanos, chefs y vendedores de antigüedades se apodera cada domingo de Columbus Ave.

Turnstyle Underground Market

La estación de metro de Columbus Circle se convierte en una atracción con sus 39 tiendas y restaurantes que se alinea en esta galería comercial subterránea. Se puede pedir algo para llevar o picar contemplando el trasiego.

Grandes espacios verdes

Riverside Park South

El herrumbroso puente de 69th St es una de las pocas reliquias que se conservan de cuando las vías férreas surcaban este paseo fluvial. Hoy, los visitantes pasean por sendas ajardinadas y brindan en el Pier i Café.

Straus Park

Diminuto parque triangular así llamado en honor de Isidor e Ida Straus, una prominente pareja neoyorquina que perdió la vida en el *Titanic*. En vez de aceptar ser evacuada, Ida prefirió quedarse a bordo junto a su marido, de 41 años. La estatua de bronce *Memory* rinde homenaje a su devoción.

Embalse Jacqueline Kennedy Onassis

Un paseo de 2,5 km traza un bucle alrededor de la masa de agua más grande de Central Park. Las vistas de rascacielos y lujosos bloques de apartamentos anidan por doquier y, en primavera, los cerezos florecen en la orilla oeste.

The Ramble

Otrora lugar de *cruising* gay, esta boscosa sección de Central Park atrae hoy a amantes de las aves. En primavera y otoño se disfrutará con el plumaje de especies que llegan aquí durante su migración.

Sheep Meadow

Cada verano, los lugareños abarrotan las 6 Ha de este hermoso espacio en la parte oeste de Central Park para tomar el sol mientras saborean un pícnic.

Restaurantes de toda la vida

Zabar's $

Los neoyorquinos veneran este emporio *gourmet* conocido por sus ahumados, dulces judíos, quesos artesanales y *bagels*. Se puede comprar algo para llevar y comer en el cercano Riverside Park.

Cafe Luxembourg $$$

Su refinada parroquia empezó a citarse en la década de 1980 en este bistró francés cercano al Lincoln Center, donde ponerse cómodo en un reservado de cuero rojo y empaparse del ambiente.

Old John's Diner $$

A un paso del Lincoln Center se halla este establecimiento que aún conserva su encanto original de la década de 1950. Pídase un *egg cream* si se va con niños y un manhattan para los adultos.

Cocina informal y cócteles

Báhn Vietnamese Shop House $$

Uno creerá haberse transportado a Hanói en este alegre restaurante de comida casera vietnamita que triunfa con sus rollitos, pasteles de arroz glutinoso y *bánh* surtidos.

Chick Chick $$

Corea y Nashville van de la mano en este discreto templo del sándwich de pollo, cuya multicultural carta apuntalan platos como arroz salteado con *kimchi* o *ramen*.

Daily Provisions $

Danny Meyer es el dueño de este soleado café que seduce todo el día con contundentes desayunos, sándwiches y delicias horneadas. Hay que madrugar para no quedarse sin probar el *cruller*, el primo galo del dónut.

Jacob's Pickles $$

Perfecto para un *brunch* o una cena, este animado local sirve creativa *comfort food* sureña regada con más de una veintena de cervezas.

Peacefood Cafe $$

Restaurante que encandila a los veganos con una extensa carta que abarca desde zumos y cuencos con semillas a hamburguesas y repostería.

El Mitote $$

Alegre espacio especializado en comida callejera al estilo de Guadalajara y recetas clásicas mexicanas servidas en vistosas bandejas. Repárese en *Los 41 maricones*, el mural de inspiración LGBT que adorna su interior.

Nobody Told Me $$

Coctelería a la última que pega fuerte entre veinteañeros y treintañeros por sus elaborados tragos y certera comida de *pub*.

Libros y tiendas

Magpie

Singular comercio lleno de artículos de papelería, ideas para regalos y menaje. Sus objetos con conciencia ecológica –en buena medida producidos en la zona– son de comercio justo o bien se fabrican con materiales sostenibles.

Shakespeare and Co

El café de esta librería independiente suele estar abarrotado de intelectuales leyendo y sorbiendo su *espresso*. Cuentan con una máquina de *print on demand* que imprime ejemplares en cuestión de minutos.

Descubre en línea el recuerdo de John Lennon en Nueva York

04 De pícnic en CENTRAL PARK

NATURALEZA | OCIO | COMIDA

Las 340 Ha de praderas, jardines, bosques y lagos que conforman Central Park son un antídoto excelente contra el caos de la jungla de cemento, aunque hallar tranquilidad no es fácil si uno se ciñe a los puntos más multitudinarios, es decir, al sur de 72nd St. Si apetece escapar del gentío, una buena idea es hacer un pícnic junto a los sauces de The Pool, un oasis de verdor en el corazón de Manhattan.

WINSTON TAN/SHUTTERSTOCK ©

Información

Cómo llegar Línea B/C hasta la estación de 103rd St y acceder por 100th St o 103rd St.

Cuándo ir Los días más agradables para comer al fresco se dan entre abril y octubre. Los senderos aledaños a The Pool son estupendos todo el año.

Lavabos públicos Los hay en Great Hill, cerca de 105th St.

Para saber más Descargarse la *app* de Bloomberg Connects para conseguir una audioguía gratuita.

MARTIN CLOUTIER/SHUTTERSTOCK ©

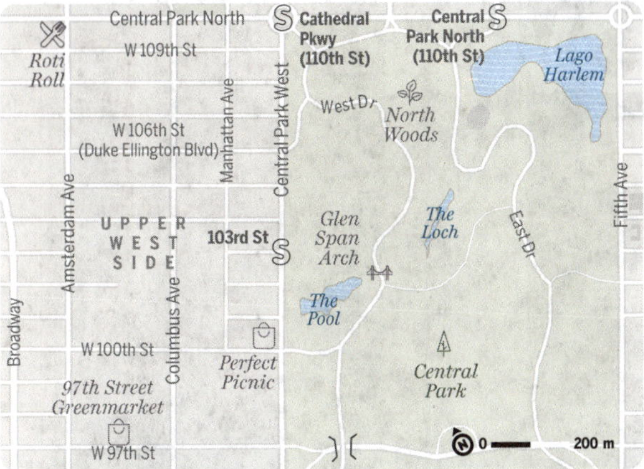

Comida En **Perfect Picnic,** en el flanco oeste de Central Park, ofrecen mantas, cestas y alimentos. Los viernes venden artículos de producción local y quesos y panes artesanos en el **mercado ecológico de 97th St.** El supermercado Whole Foods es una buena opción para organizar un pícnic, lo mismo que restaurantes informales de barrio como **Roti Roll,** con tentempiés indios.

Encontrar un sitio Quienes van de pícnic suelen decantarse por las soleadas zonas de césped próximas a The Pool. Para mayor intimidad, hay que dirigirse al pedregoso bosquecillo escondido junto a la orilla norte. En el lado sur del lago hay un solitario banco de madera abrazado por cipreses calvos.

Conocer a los vecinos La fauna hace del rincón noroeste de Central Park una auténtica zona natural: los ánades reales son dueños y señores de The Pool, mientras que las ardillas rojas y grises reinan en los bosques. Los días de sol, las tortugas se dejan ver en los salientes rocosos y, al atardecer, los mapaches se precipitan por las copas de los árboles. Hay que abrir bien los ojos para avistar ratoneros de cola roja, cardenales norteños y charas azules, que en su mayoría anidan en los árboles cercanos.

Una caminata Tras comer, se puede recorrer la senda oriental de The Pool hasta una cascada a la que sigue el rústico **Glen Span Arch.** Este arroyo, conocido como The Loch, fluye entre **North Woods** (un bosque de 16 Ha) antes de nutrir el lago Harlem, próximo ya a 110th St.

Arriba izda.: Central Park.
Abajo izda.: ardilla, Central Park.

El origen del agua

The Pool y los canales con los que se comunica se nutren del Montayne's Rivulet, un riachuelo natural cuyo nacimiento se sitúa en la actual intersección de Columbus Ave y 95th St. Aun así, esta zona dista bastante de ser natural: una tubería de más de 1 m de diámetro, magníficamente escondida cerca de la gruta sur de The Pool, encauza el caudal, al que se añade agua de la ciudad, insuflando así vida a la obra diseñada por Calvert Vaux y Frederick Law Olmsted.

MIDTOWN

CULTURA | MÚSICA | TEATRO

Explora Midtown en línea

2 Av

MIDTOWN
Plan de viaje

IMPRESCINDIBLES Y JOYAS OCULTAS

Este barrio lo tiene todo: ocio a cualquier hora en Times Square, la regia presencia del Empire State Building, la alegría de los musicales de Broadway, restaurantes de aúpa, trasiego, frenesí y mucho más. Es, en definitiva, el Nueva York más efervescente y alborotado.

Información

Lo mejor Una inolvidable noche de juerga, vistas de vértigo y deliciosa gastronomía.

Cómo llegar Líneas A/C/E, N/Q/R/W, S, 1/2/3, y 7.

Cómo desplazarse A pie.

Consejo Las avenidas Séptima y Octava suelen abarrotarse a la altura de Times Square; se avanza más rápido por la Sexta o la Novena.

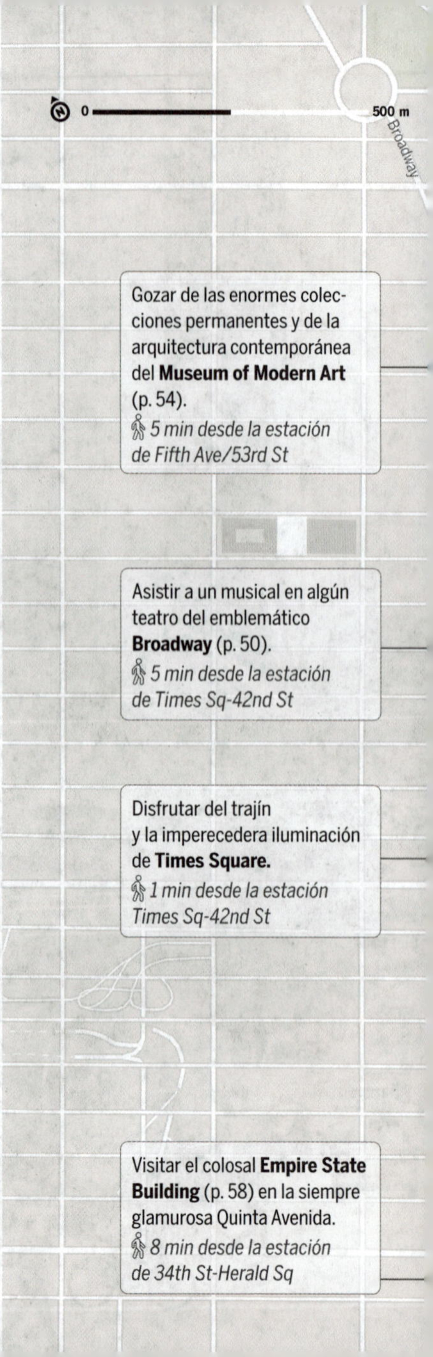

Gozar de las enormes colecciones permanentes y de la arquitectura contemporánea del **Museum of Modern Art** (p. 54).
5 min desde la estación de Fifth Ave/53rd St

Asistir a un musical en algún teatro del emblemático **Broadway** (p. 50).
5 min desde la estación de Times Sq-42nd St

Disfrutar del trajín y la imperecedera iluminación de **Times Square.**
1 min desde la estación Times Sq-42nd St

Visitar el colosal **Empire State Building** (p. 58) en la siempre glamurosa Quinta Avenida.
8 min desde la estación de 34th St-Herald Sq

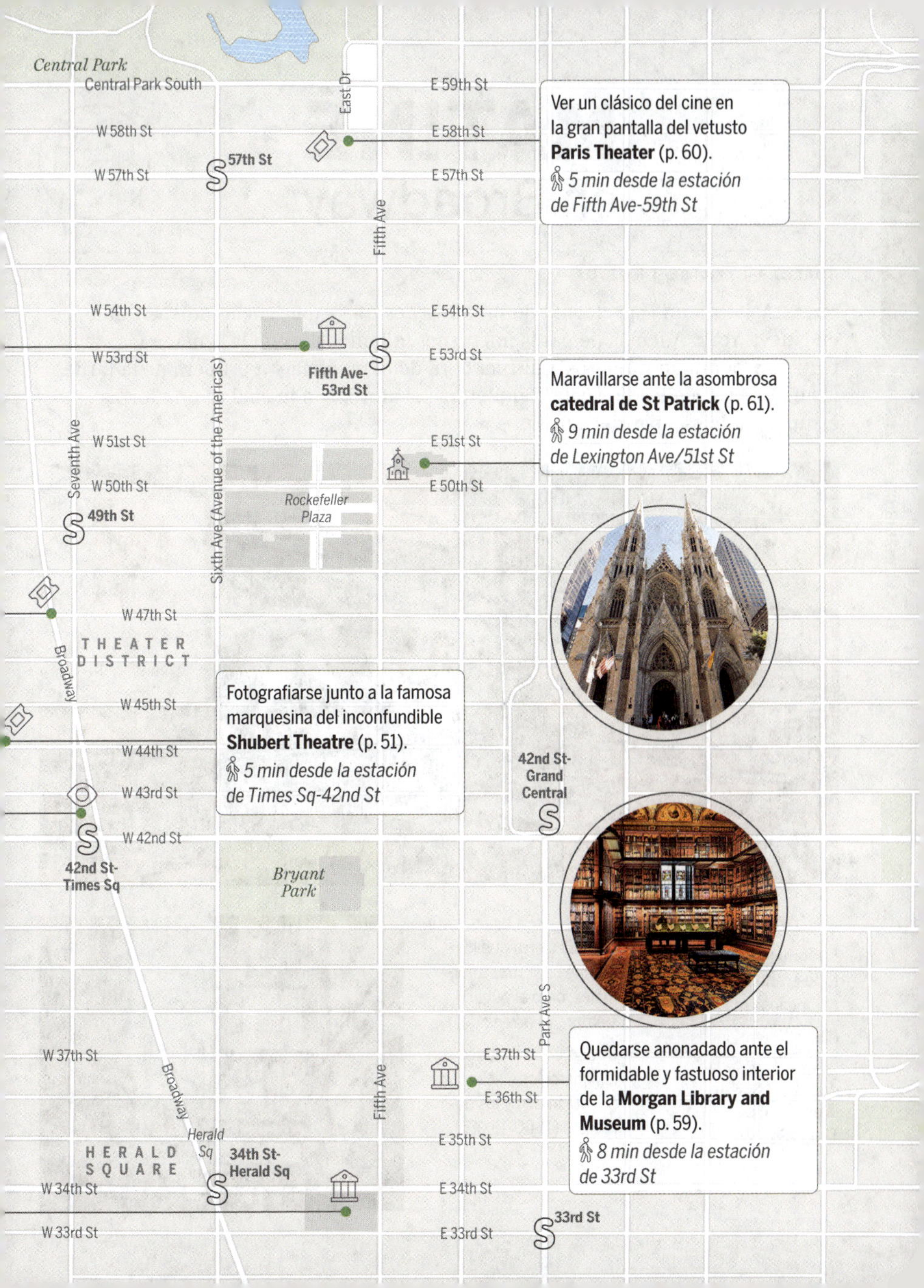

Ver un clásico del cine en la gran pantalla del vetusto **Paris Theater** (p. 60).
5 min desde la estación de Fifth Ave-59th St

Maravillarse ante la asombrosa **catedral de St Patrick** (p. 61).
9 min desde la estación de Lexington Ave/51st St

Fotografiarse junto a la famosa marquesina del inconfundible **Shubert Theatre** (p. 51).
5 min desde la estación de Times Sq-42nd St

Quedarse anonadado ante el formidable y fastuoso interior de la **Morgan Library and Museum** (p. 59).
8 min desde la estación de 33rd St

05 MATINÉ en Broadway

CULTURA | TEATRO | MÚSICA

Asistir a un espectáculo de Broadway es una experiencia indispensable en Nueva York. Además de pases nocturnos, algunos días de la semana los teatros programan números a última hora de la mañana y a primera de la tarde, las matinés. En ellos no suele completarse el aforo, con lo cual es una forma estupenda de escapar del gentío.

MURAT CAN KIRMIZIGUL/SHUTTERSTOCK ©

Información

Cuándo ir A los teatros todo el año, salvo festivos o por causa mayor.

Cómo llegar Líneas A/C/E, N/Q/R/W, S, 3/2/1, y 7 hasta la estación de Times Sq-42nd St.

Qué llevar Se ha de vestir bien. Es cierto que las matinés son más informales, pero el público siempre va arreglado.

Consejo Las matinés son los miércoles y sábados (10.00-14.00) y los domingos (11.00-15.00).

RICHARD LEVINE/ALAMY STOCK PHOTO ©

Arriba izda.: carteles de Broadway, Times Square. Abajo izda.: Hudson Theatre.

Los cinco mejores teatros

Shubert Theatre Aunque el Lyceum es el teatro de Broadway que lleva más tiempo abierto ininterrumpidamente, el Shubert es probablemente el más clásico. Su emblemática marquesina con bombillas alrededor siempre ha encarnado la rica historia de Broadway.

Hudson Theatre Este espacio reinaugurado en el 2017 luce, tras su remodelación, modernas butacas y baños más espaciosos, algo inexistente en casi todos los teatros de mayor tradición en Broadway, lo que da lugar a largas colas durante el receso. Su bar, además, sirve bebidas en vasos de cristal que pueden llevarse a la butaca: un detalle sencillo, pero elegante.

Helen Hayes Theatre El escenario de menor aforo ofrece un ambiente íntimo y 600 butacas con buenas vistas, tanto si acoge una función como si se trata de un musical.

Studio 54 Propiedad de la Roundabout Theatre Company, ocupa el antiguo emplazamiento del celebérrimo club homónimo. Su mera historia lo convierte en un lugar memorable.

Vivian Beaumont Theater La sala más alejada del centro, parte del complejo del Lincoln Center, cuenta con un enorme escenario. En la preciosa plaza de enfrente se programan eventos y actuaciones en vivo.

Consejo para las entradas

Para conseguir entradas con descuento (tanto para espectáculos de Broadway como otros eventos), lo mejor es acercarse a la **taquilla de TKTS** en Times Square (hay otras en el Lincoln Center y en South Street Seaport) y, acto seguido, subir las escaleras rojas para apreciar mejor las pantallas e iluminación de la plaza. La zona central, perteneciente a los famosos MTV Studios, es la pantalla LED más grande del mundo. Si apetece cambiar de escenario, el Rockefeller Center queda al este y Hell's Kitchen al oeste; ambas zonas cuentan con muchos comercios y restaurantes. El mejor momento para visitar Times Square sin multitudes es a las 3.00, cuando se puede tener todo para uno solo.

Recomendación de Gregory Jacobs-Roseman,

compositor, letrista y productor de musicales, @GJRoseman, gregjr.com.

Historia de Broadway

TRAS CADA MARQUESINA HAY UNA HISTORIA

La historia del teatro en Nueva York es una formidable montaña rusa de emociones, altibajos y risas y lágrimas. Tanto si se trata de una obra de Shakespeare de principios del s. XVII o de una glamurosa y espectacular producción moderna en Times Square, el panorama teatral de Nueva York siempre marca tendencia.

De izda. a dcha.: 42nd St; un premio Tony; centro de Nueva York.

SEAN PAVONE/SHUTTERSTOCK ©

Si bien el teatro ha sido parte de la esencia de Nueva York desde sus orígenes, el sensacional espectáculo que representa el Broadway actual tardó en crecer y desarrollarse. Es cierto que tradicionalmente se ha mantenido activo con firmeza, bajando el ritmo de producción únicamente ante eventos excepcionales, como la Guerra de Independencia a finales del s. XVIII, la Gran Depresión o los confinamientos impuestos por la covid.

El primer gran teatro que abrió aquí sus puertas lo hizo de la mano de Walter Murray y Thomas Kean, en 1750. Sus funciones principales, clásicas por naturaleza, se centraban en el teatro operístico y en las obras de Shakespeare. El subgénero más popular, la ópera de baladas, nació en el s. XVIII y se componía de una trama cómica que incluía números musicales intercalados entre los diálogos de los actores. Una de las primeras y más famosas obras del género fue *La ópera de los mendigos* (1728), con la que su autor, John Gay, marcaría la pauta para las representaciones posteriores. A la ópera de baladas se la considera precursora de los musicales tal como el mundo los conoce hoy.

En el Nueva York posterior a la Guerra de Independencia se construyó el Park Theatre (con aforo para 2000 espectadores) y fue todo un éxito. Pronto le seguiría el Bowery Theater, en 1826. Niblo's Garden, en el cruce de Broadway y Prince St, pasó a ser una popular ubicación, que se convertiría en el corazón de Broadway, lo que explica el origen de su nombre. Originalmente, Broadway era algo exclusivo del centro de Manhattan, y no fue hasta principios del s. XX cuando se trasladó a Times Square, donde ha permanecido desde entonces. El actual Broadway District está delimitado por W 41st St y W 53rd St, y Sixth Ave y

LEV RADIN/SHUTTERSTOCK ©

PATTI MCCONVILLE/ALAMY STOCK PHOTO ©

Ninth Ave. Para que una obra se considere una producción de Broadway, debe representarse en alguno de los 41 teatros profesionales designados para 500 o más espectadores y que se halle en las lindes del distrito.

La década de 1920 dio origen a un nuevo estilo de representaciones. John O'Neill, autor de obras originales carentes de música, empezó a mostrar que el realismo dramático tenía cabida en los escenarios de Broadway. Sus obras, como la emblemática *Behind the Horizon,* allanó el camino a posteriores figuras del teatro no musical como Tennessee Williams y Arthur Miller. La crisis de 1929 supuso un bache del que Broadway se repuso con fuerza. El repertorio del teatro musical se cimentó entre 1950 y 1970 con obras como *Ellos y ellas* o *My Fair Lady*.

> En su día, Broadway era algo exclusivo del centro de Manhattan; de hecho, no fue hasta principios de la década de 1900 cuando se trasladó a Times Square, donde ha permanecido desde entonces.

El célebre musical *Little Johnny Jones* incluye la canción "Give my regards to Broadway!". Hoy, Broadway sigue siendo uno de los sectores económicos más importantes de Nueva York. En el 2012, la venta de entradas ascendió a 1000 millones de dólares y el número de espectadores superó los 12 millones. Los Premios Tony, los "Oscar" del teatro, nacieron con 11 categorías en 1947, y siguen entregándose cada año en el Radio City Music Hall de Midtown, a unos minutos del Theater District.

Lo mejor fuera de Broadway

Sin duda, Broadway no es la única opción para ver teatro en el Theater District: algunas de las propuestas más interesantes y entretenidas del momento las ofrecen los espacios más pequeños en los aledaños de Times Square. New World Stages, Theater Row, Playwright's Horizons o New York City Center son algunos de los teatros y compañías ajenos a Broadway más interesantes. Algunos de los mejores y más prometedores actores, músicos, productores y directores del mundo participan cada año en cientos de *shows* al margen de Broadway, por si fuera poco, los nominados y ganadores de los premios Tony y de la Academia a menudo llevan sus proyectos a los escenarios de estos teatros alternativos. ¡No hay que perdérselo!

06 El jardín escultórico DEL MoMA

ARTE | CULTURA | MUSEOS

El Museum of Modern Art es uno de los centros de arte contemporáneo más importantes del mundo. Además de sus grandes colecciones, atesora una joya adicional: un pintoresco jardín escultórico al aire libre que, para muchos, es uno de los lugares más singulares de la ciudad.

KUMAR SRISKANDAN/ALAMY STOCK PHOTO ©

Información

Cuándo ir En primavera, verano y otoño se disfruta al máximo. Cada tanto cierra en invierno.

Cómo llegar Línea F hasta la estación de 57th St, y B/D/E hasta la de Seventh Ave.

Qué llevar Zapatillas deportivas: su gran tamaño exige caminar bastante; para eventos, calzado elegante.

Precio Adultos (25 US$), jubilados y discapacitados (18 US$), estudiantes (14 US$), niños (gratis).

ELIZABETH WAKE/ALAMY STOCK PHOTO ©

El jardín secreto

Llamado oficialmente Abby Aldrich Rockefeller Sculpture Garden, este cautivador espacio verde es el rincón secreto predilecto de muchos residentes, quizá por el agradable e inesperado encanto que destila. Su diseño, lejos de ser fruto del azar, refleja la meditada visión del arquitecto, quien concibió una suerte de "sala confortable sin techo" para que el visitante se sintiera como en casa. Aunque abrió en 1939, Philip Johnson lo rediseñó en 1953. El suelo luce preciosas baldosas de mármol, y cuenta con cuatro áreas separadas, cada una con frondosos parterres, fuentes, estanques y muchas variedades de árbol. El jardín, concebido como foro de relax y de expresión personal, suele acoger actuaciones musicales, eventos e incluso protestas.

CHOONGKY/SHUTTERSTOCK ©

Observación de aves

La vegetación del jardín escultórico atrae a muchas aves que acuden a trinar o a bañarse en sus fuentes. Si se visita en primavera, pregúntese al personal por las diferentes especies presentes.

Arriba de izda. a dcha. e izda.: jardín escultórico del MoMA.

El principal reclamo son las esculturas, en rotación para que el espacio no pierda frescura. Junto a sus senderos y fuentes cantarinas se exhiben obras de los máximos exponentes del arte contemporáneo, desde Henri Matisse y Pablo Picasso a Rachel Whiteread y Barnett Newman, pasando por Hector Guimard y Aristide Maillol. Las mesas y bancos desperdigados son ideales para reunirse y charlar, o sencillamente para meditar entre las piezas expuestas. Un dato curioso, que constata el carácter innovador de este espacio, es que el primer concierto con sintetizadores jamás realizado en la historia tuviera lugar aquí el 28 de agosto de 1969.

El elemento más bello del jardín es tal vez la estatua inspirada en el mito griego de Eco y Narciso. Según este, la ninfa Eco estaba enamorada del joven y hermoso Narciso; sin embargo, el egocéntrico muchacho la rechazó. La escultura se halla sobre un estanque

Actividades destacadas cerca del MoMA

Desde el MoMA se puede dar un tentador paseo por Central Park, cuya entrada más cercana está en 59th St. Si se continúa recto, se topará con **Bryant Park,** en la esquina de 42nd St con Fifth Ave, también excelente; en él se proyectan películas al aire libre. **Del Frisco's** es un fantástico restaurante de nueva cocina estadounidense, con inmejorables vistas de la pista del Rockefeller Center.

Otra magnífica opción es **Havana Central,** animado y sin pretensiones, con exquisita comida y unos mojitos de fábula.

Recomendación de Nadia Salim, *artista y empleada de la MoMA Design Store, @astro_knowme.*

Pág. anterior: Del Frisco's.
Dcha.: Bryant Park.
Abajo: MoMA Design Store.

en el que se observa a Narciso viendo su imagen reflejada en el agua.

De compras al estilo moderno

Una atracción del museo menos conocida es la **MoMA Design Store.** Inspirada en su totalidad en las colecciones expuestas, ofrece artículos distintivos como muebles de hogar y oficina, accesorios (gafas, ropa, paraguas y relojes) y hasta tecnología (cámaras y auriculares). La selección de objetos es tan meticulosa como la del propio museo, y aunque no se termine comprando nada, se recomienda admirar su calidad y estética. Tiene otra sucursal en Spring St, en el SoHo.

07 Ver amanecer desde el EMPIRE STATE

CULTURA | ARQUITECTURA | EDIFICIOS

Este emblemático edificio engloba todo lo que representa Nueva York: cultura, estilo, ambición y la idea de que en esta ciudad pueden hacerse realidad los sueños más extravagantes. Contemplar el alba desde el piso 86, con el icónico perfil urbano de Manhattan a los pies, es una fuente de inspiración insuperable.

ANGELA WEISS/AFP/GETTY IMAGES ©

Información

Cuándo ir Abre todo el año.

Cómo llegar Líneas B/D/F/M, y N/Q/R/W hasta la estación de 34th St-Herald Sq.

Qué llevar Ropa informal y zapatillas cómodas.

Consejo Tomar una foto panorámica: la vista del amanecer desde el piso 86 es digna de inmortalizarse.

JOAQUIN OSSORIO CASTILLO/SHUTTERSTOCK ©

Arriba izda.: vista del amanecer desde el Empire State. **Abajo izda.:** vestíbulo del Empire State.

Arriba izda.: vista del amanecer desde el Empire State. **Abajo izda.:** vestíbulo del Empire State.

Empire State, una construcción prodigiosa

Este descomunal edificio de 102 pisos es uno de los más distintivos del mundo. Su extraordinario estilo *art déco* le aporta un cristalino acabado que refleja la luz de manera impecable. Construido de 1930 a 1931, su diseño corrió a cargo de Shreve, Lamb y Harmon, y se sitúa en la Quinta Avenida, entre 33rd St y 34th St. Muchos lo consideran el símbolo neoyorquino por excelencia, hasta el punto de que la Sociedad Estadounidense de Ingenieros Civiles lo ha incluido entre las Siete Maravillas del Mundo Moderno.

Nueva York, a vista de pájaro

El circuito más popular es la visita diurna al observatorio principal del piso 86 y, en él, la experiencia inolvidable de ver salir el sol desde las alturas. Dicho circuito se limita únicamente a 40 personas, lo que lo convierte en una experiencia íntima y relajada, ideal para disfrutar de una taza de café, sacar fotos y sumirse en un momento de introspección. Al norte se atisba el resto de Midtown, extendiéndose hasta Central Park y más allá. Al oeste se repara en que Manhattan es una isla al divisar el río Hudson. Y, por supuesto, al sur se alza la evocadora arquitectura del centro, en claro contraste con el imponente One World Trade Center, que marca el final de la isla, en South Street Seaport. En una palabra: memorable.

Morgan Library and Museum

Este sublime espacio fue construido por el célebre magnate financiero J. P. Morgan para albergar su biblioteca personal y, a la postre, se convirtió en repositorio público. Museo y biblioteca, contiene manuscritos históricos y ediciones raras de libros, además de dibujos, cuadros y grabados de grandes maestros. Queda a 15 min a pie de la **New York Public Library,** lo que permite comparar y contrastar dos puntales del conocimiento universal. Esta última destaca por su asombrosa y ornamentada fachada de mármol, junto con los dos enormes leones de piedra del patio y su espléndido interior. La sala principal de lectura luce una iluminación tenue, largas e historiadas mesas de madera y ornamentados detalles dorados y cobrizos por doquier.

08 UN CINE con historia

CULTURA | ARTE | CINE

Arraigada y pintoresca: así es la joya oculta de Midtown, el Paris Theater, la primera sala de cine independiente de Nueva York, ideal, también, para descansar de tanto caminar. El edificio, dotado de una única sala y un pequeño puesto de comida, es una delicia con mucha personalidad.

PATTI MCCONVILLE/ALAMY STOCK PHOTO ©

Información

Cuándo ir Abierto todo el año.

Cómo llegar Líneas N/R/W hasta la estación de Fifth Ave/59th St.

Qué llevar Zapatillas deportivas y ropa informal.

Consejo Antes de ir, véase la cartelera/programación en la web. A veces entrevistan a actores y directores junto a la entrada.

GABRIELPEVIDE/GETTY IMAGES ©

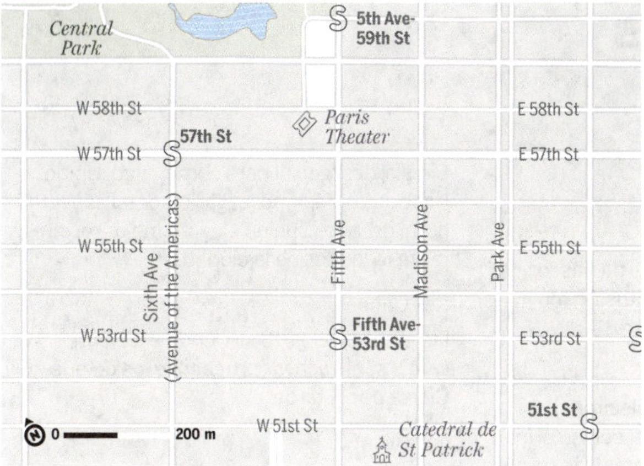

Arriba izda.: Paris Theater.
Abajo izda.: catedral de St Patrick.

París está en Nueva York

El 13 de septiembre de 1948, un distribuidor francés de nombre Pathé, con el propósito de proyectar sus cintas, abrió el Paris Theater, un estupendo cine de una sala con 571 butacas magníficamente tapizadas. Su estilo único y céntrica ubicación hicieron que fuera un éxito, y no tardó en convertirse en uno de los cines de referencia. Es cierto que no ha sido ajeno a los baches económicos; sin embargo, el 6 de noviembre del 2019 Netflix lo rehabilitó y, ahora, además de gestionar su formidable cartelera, la megaproductora organiza en él excelentes retrospectivas, estrenos y eventos.

Norte de Midtown

A un paso del cine se encuentra lo mejorcito del norte de Midtown: Central Park, el Plaza Hotel, el MoMA, la catedral de San Patricio, el Rockefeller Center, la New York Public Library y el Radio City Music Hall. Es un sitio muy indicado para cargar las pilas antes de reanudar la exploración.

Catedral de St Patrick

A corta distancia a pie del Paris Theater se localiza otra de las atracciones más conocidas de Midtown: la catedral de St Patrick, un colosal y hermoso templo de estilo neogótico que casi parece fuera de lugar entre los modernos rascacielos que lo rodean. Descubrir su interior es una experiencia de lo más solemne, junto a miles de turistas que susurran asombrados ante sus enormes arcos de caliza y altares dorados. Su secreto mejor guardado es el espectacular altar de la Virgen, al fondo, complementado por una escultura en mármol de la Piedad, a la derecha de la entrada.

Sugerencias

NO TE PIERDAS...

Dónde comer antes y después del teatro

Joe Allen $$$

Adornado con jocosos carteles de fiascos de Broadway, es toda una institución muy del gusto de los asiduos al teatro.

Becco $$$

En plena W 46th St, este establecimiento turístico conquista al comensal con su principal gancho: tres platos diferentes de pasta diarios, con la posibilidad de repetir hasta la saciedad.

West Bank Cafe $$

Un clásico de Hell's Kitchen que agrada con sus cócteles, comida y música en directo. Se llevan la palma los macarrones a la trufa con queso gratinado.

Osteria al Doge $$$

Especializado en cocina veneciana, promete un ambiente cálido y es perfecto para un bocado rápido en la barra o una comida completa en una mesa. Bordan el *risotto*.

Blue Dog Cookhouse & Bar $$

Fantástico local para disfrutar de un certero cóctel antes del teatro o de una sobresaliente cena. El *brunch* tampoco le va a la zaga.

Quality Bistro $$$

Un lugar refinado perfecto para quedar bien en una cita o para impresionar a la familia política. Cerca de los teatros; tiene todos los clásicos.

La Masseria NY $$$

Veterano de servicio impecable que sirve contundente cocina del sur de Italia en un marco entre sencillo y tradicional.

Pure Thai Cookhouse $$

Sin alardes, genial para comer algo rápido y sabroso. Mejor no juzgarlo por su aspecto humilde, pues suelen elegirlo mejor restaurante tailandés de la ciudad.

Rex Coffee $

Lleva desde el 2013 sirviendo excelente café y sándwiches (pruébense los de huevo). Cierra por la tarde.

Jolly Goat Coffee Bar $

Encantadora cafetería que ofrece tés y bebidas a base de café, así como delicias horneadas surtidas.

Frisson Espresso $

Además de ricas bebidas a base de café, en esta luminosa y acogedora cafetería preparan repostería, dulces y comidas ligeras.

Amy's Bread $

Quienes estén con antojo de algo dulce tras almorzar encontrarán en esta panadería galardonada todos los postres que puedan desear. Las tartas son especialmente tentadoras.

Amy's Bread.

Dónde beber antes y después del teatro

Casellula $$$

En Hell's Kitchen, este bar de vinos y restaurante es ideal para tomar algo acompañado de una selección de quesos.

Hurley's Saloon $

Un amable personal atiende este restaurante y *pub* irlandés de barrio donde saborear rica comida de bar. El restaurante tiene varias plantas y terraza en la azotea.

Glass House Tavern $$

Muy indicado para cenar antes del teatro o tomar una copa después.

Russian Vodka Room $$$

Auténtica joya con una amplia gama de vodkas infusionados y delicias rusas varias. Mejor ir después de la función ¡o puede que no se recuerde nada!

Lillie's Victorian Establishment $$

Es como estar en un bar-restaurante del Londres de Dickens. Muy recomendables los *gin-tonics*.

Rum House (en el Hotel Edison) $$

Fastuosa coctelería de hotel con un fantástico repertorio de rones y un precioso bar revestido de madera. Para poner la guinda a la velada.

Bar Centrale $$$

Sofisticado bar sin señalizar, frecuentado por algún que otro famoso. Resérvese en línea al menos una semana antes.

Aldo Sohm Wine Bar $$$

Exclusivo bar de vinos de ambiente informal, con acogedores sofás y una certera variedad de platos *gourmet*, incluidos suculentos rollitos de lechuga y *confit* de pato.

VLADEE/SHUTTERSTOCK ©

El clásico manhattan.

¡Cabaret! ¡Cabaret!

Feinstein's/54 Below

Sala de conciertos y cabaré de referencia, el Broadway's Supper Club acoge a los mejores artistas y autores de Broadway y el resto del planeta.

Don't Tell Mama

Famoso piano bar y cabaré abierto hasta tarde, amenizado por actuaciones improvisadas y un personal que se arranca a cantar.

Laurie Beechman Theatre

Este estupendo local acoge números de cabaré, música en directo, comedia y un abanico de espectáculos todos los días de la semana.

Librerías en clave teatral

The Drama Book Shop

Repleto de cancioneros, libretos y partituras, además de café y tentempiés, este establecimiento centenario se libró de cerrar gracias a la tenacidad de un grupo de devotos entre los que se cuenta Lin-Manuel Miranda, autor de *Hamilton*.

Explora Hudson Yards, el nuevo barrio de Nueva York en línea

CHELSEA Y GREENWICH VILLAGE

ARTE | CULTURA | MÚSICA

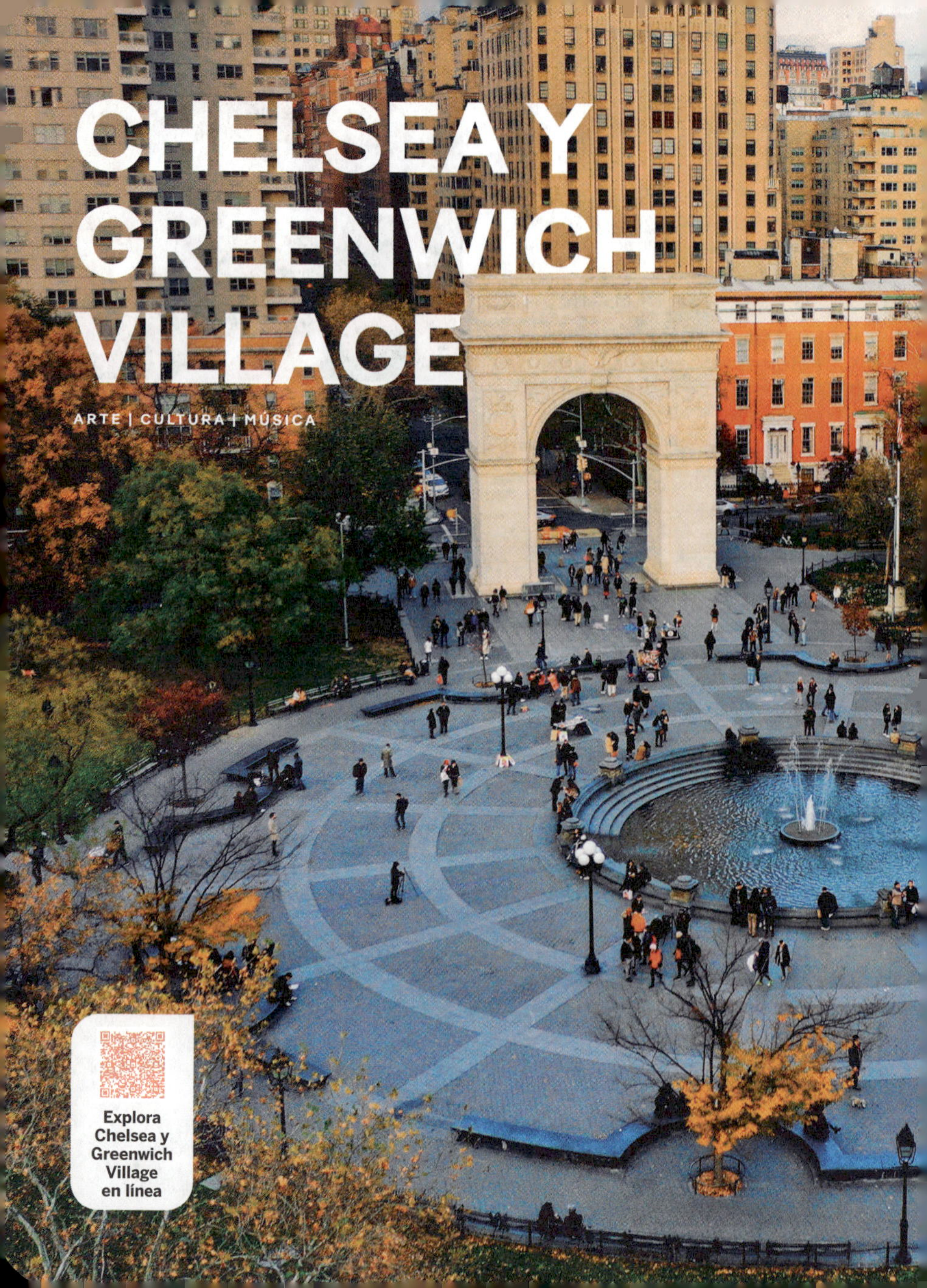

Explora Chelsea y Greenwich Village en línea

CHELSEA Y GREEN-WICH VILLAGE

Plan de viaje

IMPRESCINDIBLES Y JOYAS OCULTAS

Chelsea y Greenwich Village son dos de los barrios más eclécticos de Nueva York. Además de haber sido hogar de celebridades como John Lennon o Sarah Jessica Parker, albergan la mayor comunidad LGBTIQ+ y algunas de las mejores galerías de arte de la ciudad. ¿Acaso se puede pedir más?

Información

Lo mejor Una noche de ocio nocturno, comer exquisitamente, disfrutar de bellos espacios verdes, arte…

Cómo llegar Líneas A/C/E, y L hasta la estación de 14th St/Eighth Ave, y C/E hasta la de 23rd St/Eighth Ave.

Cómo desplazarse A pie o en bicicleta.

Consejo 14th St es el límite entre West Village y Chelsea.

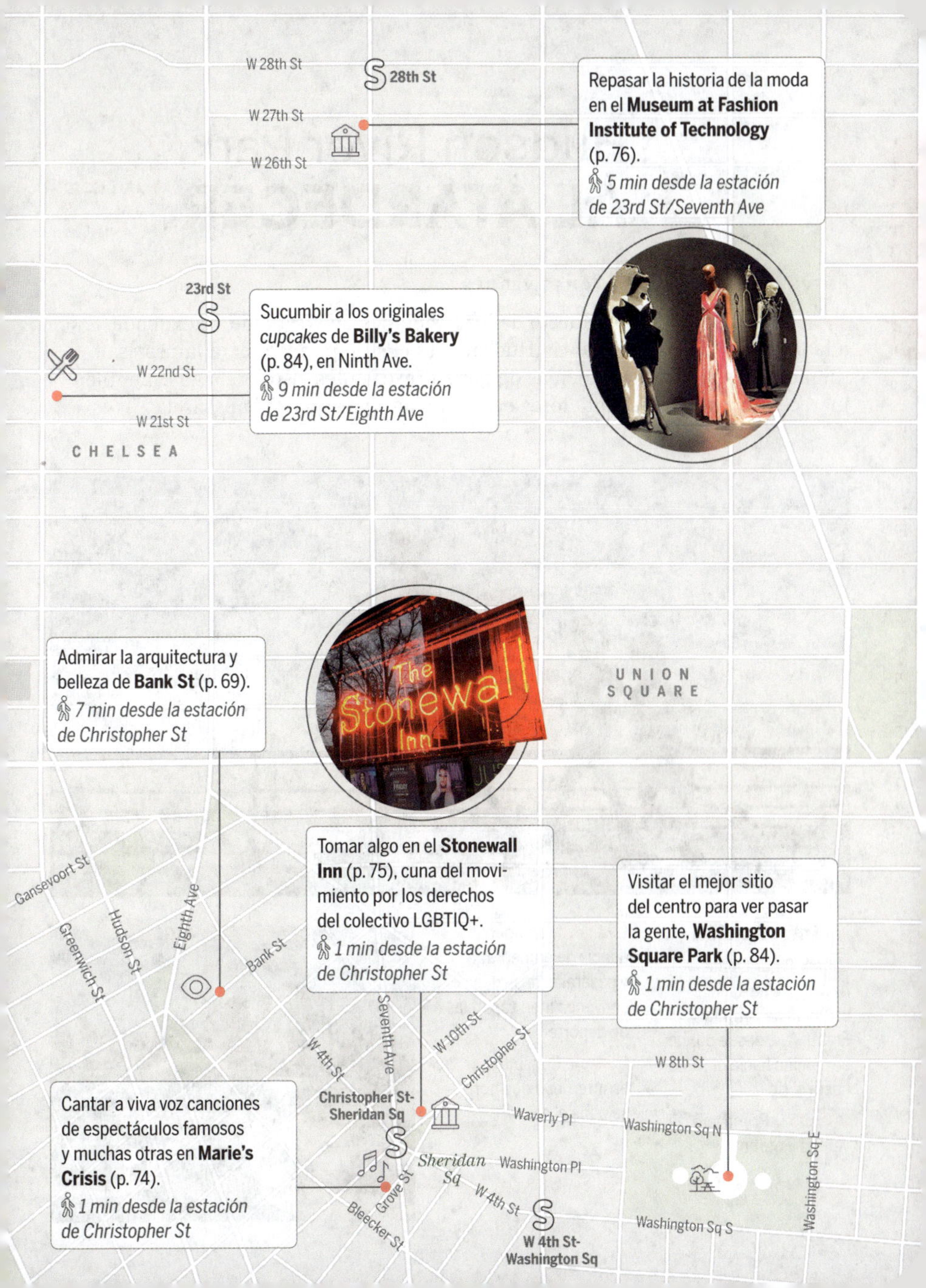

Repasar la historia de la moda en el **Museum at Fashion Institute of Technology** (p. 76).
5 min desde la estación de 23rd St/Seventh Ave

Sucumbir a los originales *cupcakes* de **Billy's Bakery** (p. 84), en Ninth Ave.
9 min desde la estación de 23rd St/Eighth Ave

Admirar la arquitectura y belleza de **Bank St** (p. 69).
7 min desde la estación de Christopher St

Tomar algo en el **Stonewall Inn** (p. 75), cuna del movimiento por los derechos del colectivo LGBTIQ+.
1 min desde la estación de Christopher St

Visitar el mejor sitio del centro para ver pasar la gente, **Washington Square Park** (p. 84).
1 min desde la estación de Christopher St

Cantar a viva voz canciones de espectáculos famosos y muchas otras en **Marie's Crisis** (p. 74).
1 min desde la estación de Christopher St

09 Hudson River Park, AL ATARDECER

NATURALEZA | PARQUES | ZONAS VERDES

Oasis de verdor predilecto de los residentes de West Side, se extiende a lo largo de 6,5 km junto al río Hudson y es el sitio perfecto para improvisar un pícnic o salir a trotar, además de por sus excelentes vistas del agua. También merecen una visita los tentadores bares de vinos y ostras de la pasarela.

LAZYLLAMA/SHUTTERSTOCK ©

Información

Cómo llegar Líneas A/C/E, y L hasta la estación de 14th St/ Eighth Ave, desde donde se camina hacia el oeste hasta el río.

Cuándo ir Primavera, verano y otoño.

Qué llevar La abundancia de empedrado y pasarelas hace que convenga ir en zapatillas de deporte.

Consejo Consultar en internet a qué hora se pone el sol.

JAMES ANDREWS1/SHUTTERSTOCK ©

Un día y atardecer perfectos

Greenwich Village es uno de los mejores sitios de Nueva York para dar un paseo de regusto pretérito. Su arquitectura decimonónica, pintorescas y serenas calles arboladas, e interesante historia contribuyen a ello. **Bank St,** una de las calles más coquetas del barrio y otrora hogar de John Lennon, Yoko Ono y Sid Vicious, es la típica calle empedrada de postal, cuajada de edificios de 1798. El paseo fluvial de Hudson River Park luce particularmente bello al ocaso; nadie lamentará haber planificado el día en torno a un arrebatador atardecer color carmesí.

Si se decide empezar la ruta más al norte, en Chelsea (15th St-29th St), hay que poner rumbo al oeste, hacia la ribera, para descubrir los famosos **muelles de Chelsea,** una antología de propuestas de ocio ribereño que incluye el **Chelsea Piers Driving Range,** donde uno puede apuntarse a una clase de golf; o el **Skating Rink,** una pista de patinaje que abre todo el año, muy indicada para ir en familia. Se recomienda parar a picar algo, antes o después de la puesta de sol, en alguno de sus fantásticos restaurantes, por ejemplo, **Grand Banks, Hudson Clearwater** o **City Winery.**

Arriba izda.: Hudson River Park.
Abajo izda.: Little Island.

Little Island

Integrado en Hudson River Park se encuentra este estupendo espacio verde que no admite réplica en toda la ciudad. Enclavado sobre el propio río, su llamativo exterior consta de 132 enormes 'tulipanes' de cemento que emergen del agua formando el recinto del parque. Es una verdadera maravilla de la ingeniería, pues cada 'tulipán' posee una carga de peso distinta para soportar la tierra, los árboles, zonas de césped y parterres. Se han conservado los pilares originales del muelle 54 a fin de que el parque genere el menor impacto posible en la vida acuática del río.

10

HIGH LINE y Whitney Museum

ARTE | CULTURA | PARQUES

Uno de los enclaves de menor tamaño dentro de los barrios de Greenwich Village y Chelsea es el glamuroso Meatpacking District, donde comienza High Line en su discurrir hacia Chelsea y entre cuyas mayores atracciones figura el Whitney Museum of American Art.

FRANCOIS ROUX/SHUTTERSTOCK ©

Información

Cuándo ir Primavera, verano y otoño para High Line. El Whitney Museum es siempre fantástico.

Cómo llegar Líneas A/C/E, y L hasta la estación de 14th St/Eighth Ave.

Consejo El Whitney Museum es gratis los viernes de 19.00 a 21.30.

Evitar el gentío La afluencia en ambos lugares es menor entre semana.

RBLFMR/SHUTTERSTOCK ©

High Line: lo imprescindible

Dotado de extraordinarios parterres y más de 110 000 plantas, este fenomenal parque urbano en pleno centro de Manhattan no deja a nadie indiferente, y al estar construido sobre una histórica vía férrea en altura, representa mucho más que un mero parque o una bonita zona verde. Instalaciones de arte local e internacional, actuaciones, un espectacular abanico gastronómico y un delicioso ambiente de barrio seducen en cada visita. Lo que hasta hace poco era una vía de tren abandonada a su suerte ha renacido como una forma fantástica de promover iniciativas sostenibles y, de paso, el Ayuntamiento ha devuelto a los neoyorquinos un espacio histórico único. Es una ruta ideal para pasear viendo las calles del Meatpacking District y de Chelsea desde las alturas.

EQROY/SHUTTERSTOCK ©

Jack Shainman Gallery

Con una tremenda programación y dos sedes muy bien organizadas en Chelsea, exhibe obras de grandes artistas como Kerry James Marshall, Nick Cave, Carrie Mae Weems y Hank Willis Thomas; y goza, además, de excelente reputación por su multicultural abanico de artistas y por apoyar a talentos emergentes.

Arriba izda.: High Line. **Arriba dcha.:** vista de High Line desde el Chelsea Market. **Izda.:** el Whitney Museum of American Art.

Al pie del extremo norte de High Line se sitúan las famosas galerías de arte de Chelsea (abiertas casi a diario), que ofrecen una visión inmejorable de las últimas tendencias en arte contemporáneo y de vanguardia. Conviene consultar su programación por si se pudiera asistir a alguna inauguración, por lo general gratis y, a veces, con refrigerios de cortesía.

Whitney, museo de los sueños americanos

Diseñado por el reputado arquitecto Renzo Piano en una envidiable ubicación entre High Line y el río Hudson, el Whitney Museum of American Art depara un despliegue artístico de visita obligada y cuya particularidad radica en el hecho de estar consagrado exclusivamente al arte estadounidense. Otro aspecto interesante es que solo se centra en

Galerías de Chelsea

Gagosian Gallery Excelente, prácticamente un museo, con delegaciones internacionales.

David Zwirner Gallery En este espacio tienen cabida grandes como Yayoi Kusama, aunque a veces las colas son largas. Visítese entre semana.

Paula Cooper Gallery Su sede primigenia abrió en el SoHo antes de trasladarse, en 1996, a esta formidable ubicación en Chelsea.

Lisson Gallery Situada bajo High Line, abrió en el 2016 y cuenta con un soberbio espacio de 420 m².

Tanya Bonakdar Gallery Con instalaciones y obras escultóricas, más indicada para los amantes del arte interactivo.

Izda.: Gagosian Gallery.
Abajo: Whitney Museum of American Art.

artistas vivos, lo que aporta frescura y ambiente contemporáneo.

El lugar se identifica, además, por la curiosa experiencia que brindan las numerosas azoteas y terrazas de cada planta. Desde lo más alto se obtiene una buena vista de Manhattan y, luego, al bajar, se puede ir parando en sus magníficas azoteas. Cuenta asimismo con su propio restaurante, Untitled, muy bien valorado.

Los viernes, de 19.00 a 21.30, abre gratis al público general, una excusa perfecta para disfrutar de una velada de arte antes de cenar y salir a tomar algo.

11 CANTAR A CORO en el Marie's Crisis

MÚSICA | CULTURA | VIDA NOCTURNA

El bar preferido de West Village ofrece una experiencia única: pasar una noche inolvidable cantando en grupo éxitos internacionales, temas de cualquier género y época, además de clásicos de Broadway, todo ello en un ambiente jovial. Un espectáculo ineludible.

ELIZABETH HOLMES/ALAMY STOCK PHOTO ©

Información

Cómo llegar Línea 1 hasta la estación de Christopher St.

Cuándo ir Los fines de semana por la noche, cuando la parroquia lo da todo.

Antes de ir Casi todos los temas que suenan son clásicos de sobra conocidos, pero también se puede pedir alguna canción de Broadway en concreto.

MASSIMO SALESI/SHUTTERSTOCK ©

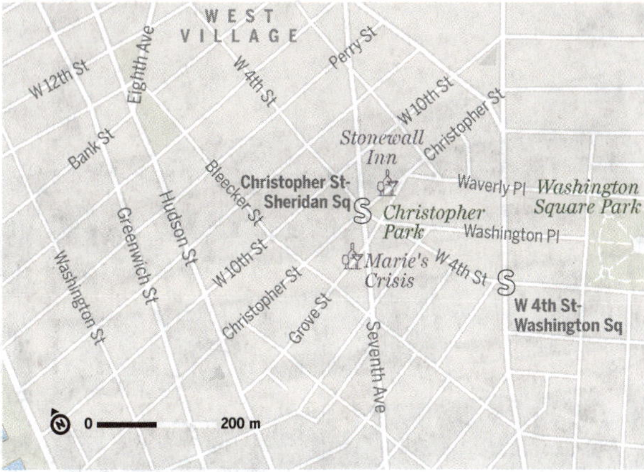

Diversión garantizada

No hay nada que se le parezca a una noche de fiesta en Marie's Crisis, en Grove St (Greenwich Village). Los espectáculos de Broadway son la máxima expresión del teatro local, y emblemáticos musicales ambientados en Nueva York, como *Rent, Avenue Q* o *West Side Story,* no han hecho sino aportar su granito de arena. Lo que mucha gente desconoce es que las canciones de Broadway no solo se interpretan allí. Quienes hayan fantaseado alguna vez con cantar y bailar sobre las tablas pueden hacer su sueño realidad en Marie's Crisis, a un corto trayecto en metro de Midtown.

El bar, con mucha historia a sus espaldas, tiene sus orígenes en la década de 1850, cuando era un burdel clandestino. No se sabe quién era la tal Marie, pero su nombre y misterioso legado perdura cada noche en el Crisis, donde se va a divertirse cantando. Si el viajero toca el piano, ya sea de forma *amateur* o profesional, no hay mejor sitio para lucirse y recibir una gran ovación. No deja de ser un garito, de modo que las bebidas son baratas y sencillas, pero un cubalibre servido en una taza de plástico jamás ha sabido tan bien. ¡Basta con dar un sorbito, entonar la voz y cantar hasta desgañitarse!

Arriba izda.: Marie's Crisis.
Abajo izda.: Stonewall Inn.

Lecciones de historia en el Stonewall Inn

Al Stonewall Inn, un bar de ambiente declarado Monumento Histórico Nacional, se le conoce por ser el lugar donde nació el movimiento global por los derechos civiles de la comunidad LGBTIQ+. La noche del 28 de junio de 1969, la policía llevó a cabo una redada en el bar, una práctica discriminatoria vista como algo habitual en la década de 1960. Sin embargo, en aquella ocasión, la gente ofreció resistencia, afirmando que tenían derecho a reunirse sin miedo a ser arrestados. Tomarse algo en este emblemático establecimiento es una forma de rendir tributo a los sacrificios realizados por tantos integrantes de la comunidad LGBTIQ+ que lucharon por el respeto a sus derechos fundamentales.

12 Tendencias de moda EN EL FIT

MODA | CULTURA | ARTE

La moda y Nueva York han ido de la mano desde siempre, y lo cierto es que el sector sigue cumpliendo sobradamente. El Museum at Fashion Institute of Technology, una experiencia inolvidable, invita a recorrer la historia.

EDWARD WESTMACOTT/ALAMY STOCK PHOTO ©

Información

Cuándo ir Primavera, verano y otoño son ideales para pasear por las calles del norte de Chelsea. El Museum at FIT es perfecto todo el año.

Cómo llegar Líneas 1 hasta la estación de 28th St/Seventh Ave, y C/E hasta la de 23rd St/Eighth Ave.

Cómo desplazarse A pie o en bici.

Cómo orientarse El FIT queda a un corto paseo de Garment District, que empieza en 34th St.

ALEXANDRE TZIRIPOULOFF/SHUTTERSTOCK ©

Recorrido por la historia en el FIT Fashion

Más de 100 000 personas visitan anualmente el Museum at Fashion Institute of Technology, y basta un rápido vistazo para saber el motivo: considerado uno de los pocos museos del mundo especializados en moda, su colección permanente contiene 50 000 prendas y accesorios, incluidos de grandes diseñadores como Christian Dior, Coco Chanel o Balenciaga. La exposición repasa 250 años de historia, pero las prendas en sí rotan para que la muestra no pierda dinamismo. Una de las secciones más populares es la Textile History Gallery, que narra la fascinante historia de los telares, el teñido y el tejido.

PATTI MCCONVILLE/ALAMY STOCK PHOTO ©

Gansevoort St

Un lugar muy recomendable para dar un paseo es esta bella calle empedrada de Meatpacking District (a su vez, parte de West Village) donde se concentran excelentes tiendas a tiro de piedra del Whitney Museum of American Art y del Chelsea Market.

Arriba izda.: Fashion Institute of Technology.
Arriba dcha.: Gansevoort St.
Izda.: muestra del Museum at FIT.

Moda sostenible

La moda es una de las mayores fuentes responsables de las emisiones de carbono en todo el mundo. La *fast fashion*, prendas cuya fabricación requiere tejidos sintéticos, es omnipresente en la industria. Así, el poliéster y otros tejidos similares presentan un alto contenido de petróleo, lo que vincula estrechamente al sector con la contaminación y el cambio climático. Y pese a ello, apenas un raquítico 1% de la ropa usada se emplea en la confección de nuevas prendas; ciudades como Nueva York envían al vertedero cada año unos 90 millones de kg de ropa. No obstante, varios diseñadores de lujo locales, como Heron Preston, están tratando de hacer algo al respecto, al tiempo que el Museum at FIT pone el foco en el impacto de la historia de la ropa en el medio ambiente, induciendo a que los consumidores reflexionen sobre

Pippin Vintage Jewelry

Propiedad de un matrimonio compuesto por dos tasadores de diamantes certificados por la GIA, Pippin Vintage Jewelry es una de las mejores joyerías de época de la ciudad. Nada más entrar en la tienda, construida a partir de una antigua cochera oculta en 17th St, uno queda prendado de su ambiente característico. De fondo suenan clásicos del *jazz*, como Ella Fitzgerald o Billie Holiday, y el precioso marco de la década de 1920 lo dominan relucientes collares, pendientes, anillos y otros accesorios. Si se busca una tienda *vintage* preciosa y singular por igual, Pippin es una delicia.

Izda.: Pippin Vintage Jewelry. **Abajo:** tejanos en una tienda económica.

sus hábitos mientras disfrutan de las preciosas creaciones expuestas.

Tiendas asequibles y de segunda mano

En Nueva York se hallan algunas de las mejores tiendas de segunda mano del mundo, y en tiempos de sostenibilidad han empezado a ponerse cada vez más de moda. El gusto por las pasarelas nunca desaparecerá, pero a medida que el cambio climático vaya intensificándose, estos comercios serán cada vez más frecuentes. En la ciudad, algunas como INA y From Runway with Love, ofrecen marcas exclusivas a precios razonables.

Un granito de arena

Cambiar el rumbo de la industria de la moda con respecto a su dependencia del petróleo, de las grandes compañías productoras y de los combustibles fósiles concierne tanto al sector como a los consumidores. Una buena forma de contribuir con el medio ambiente es comprar en tiendas de consignación. En ellas, la gente vende objetos personales, como ropa o accesorios. Al comprar artículos de segunda mano se ayuda al crecimiento y visibilidad del comercio, así como a reducir el impacto de la industria de la moda en el medio ambiente.

Moda en Nueva York

BREVE HISTORIA DEL ESTILO NEOYORQUINO

Nueva York es una ciudad que evoluciona constantemente: su creatividad, economía y ambiente cambian indefectiblemente con el paso del tiempo, de una década a otra. Y en muy pocos ámbitos se aprecia con tanta claridad esta fascinante fluidez como en la industria de la moda.

De izda. a dcha.: escaparate de Prada, Quinta Avenida; semana de la Moda de Nueva York; Museum at FIT.

VICTORIA LIPOV/SHUTTERSTOCK ©

La ciudad del estilo propio

La moda neoyorquina es un fenómeno que transmite la esencia de la ciudad. Todo el mundo tiene derecho a mostrarse tal como es y a cultivar un estilo propio único. La importancia que se otorga a la moda es inversamente proporcional al sinsentido que supondría tener un coche personalizado. En otras urbes, los automóviles suelen actuar como manifestación del estilo propio. Pero, aquí, donde la mayoría se mueve a pie, la ropa ocupa el lugar del coche y, por ende, asume mayor importancia a la hora de expresar la personalidad.

La icónica imagen de Carrie Bradshaw (interpretada por Sarah Jessica Parker) irrumpiendo en la Quinta Avenida, vestida con sus mejores galas, resulta infinitamente cautivadora por un motivo: ¡en Nueva York, el estilo lo es todo! Y al tratarse de una ciudad de clima templado, las cuatro estaciones son muy marcadas. La primavera, el verano, el otoño y el invierno traen consigo estilos únicos y tendencias acordes a las condiciones climáticas. Multitud de películas y series se ruedan diariamente en Nueva York, de modo que en cualquier momento el viajero podría aparecer inesperadamente como extra en una exitosa producción, lo que hace que los neoyorquinos siempre parezca que se vistan subconscientemente de acuerdo a la ocasión.

De Garment District a la NYFW

Hablar de moda en Nueva York City es hablar de la Semana de la Moda, sus desfiles glamurosos y supermo-

OVIDIU HRUBARU/SHUTTERSTOCK ©

JEFFREY ISAAC GREENBERG 17+/ALAMY STOCK © PHOTO ©

delos de cuerpos escultóricos. Todo eso fue posible gracias al esfuerzo del **Garment District** de Manhattan, en un radio de 20 manzanas delimitado por 34th St, 42nd St, y las Sixth Ave y Nineth Ave. Esta zona acogió en su día una retahíla de fábricas que conformó uno de los mayores centros de producción textil del país. A finales de la I Guerra Mundial, aquí se empleaba a miles de trabajadores encargados de cortar telas, confeccionar y diseñar patrones que influirían durante décadas en el mundo de la moda. No en vano, grandes marcas de presencia internacional, como Donna Karan o Calvin Klein, siguen operando en Garment District.

A finales de la I Guerra Mundial, en Garment District se empleaba a miles de trabajadores encargados de cortar telas, confeccionar y diseñar patrones que influirían durante décadas en el mundo de la moda.

Con la deslocalización de la producción textil, la zona perdió protagonismo, pero el Fashion Institute of Technology (FIT; p. 76), a poca distancia, en el cruce de 7th Ave y 27th St, conserva viva su historia. El Museum at the Fashion Institute of Technology es el tesoro más preciado de Garment District, y organizan circuitos a pie por el barrio para dar a conocer su historia y legado.

Desde los emblemáticos estilos de Audrey Hepburn en *Desayuno con diamantes* y de Meryl Streep en *El diablo viste de Prada* al de la voluntariosa Melanie Griffith en *Armas de mujer* y el memorable estilo ambiguo de Diane Keaton en *Annie Hall*, la moda neoyorquina constituye un fenómeno en mayúsculas que, en gran medida, empezó en Garment District.

Met Costume Institute

Otro excelente recurso para conocer la historia de la moda. Con una colección compuesta por más 33 000 prendas y objetos que cubren siete siglos de moda para mujeres, hombres y niños, el Costume Institute se ha rebautizado recientemente como Anna Wintour Costume Center, financiado gracias a una generosa fundación y a las aportaciones recaudadas durante varios eventos organizados a lo largo del año.

La visita a este fascinante museo, situado en Upper East Side, constituye un magnífico complemento al Museum at the Fashion Institute of Technology.

REFERENTES
de la historia de la moda

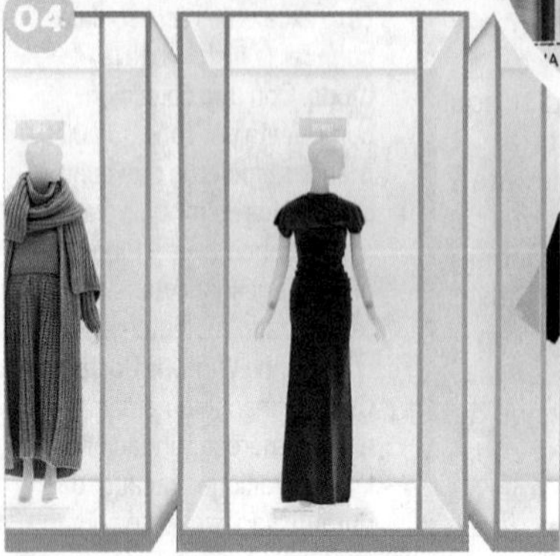

01 El viejo Garment District
El estilo neoyorquino nació en el memorable Garment District, otrora famoso por sus sobresalientes modistos y costureras.

02 Sede de Donna Karan
La leyenda viviente aún tiene su cuartel general en pleno Garment District (de visita obligada).

03 Calvin Klein
Conocido por sus líneas limpias y clásicas, al diseñador estadounidense siempre se le asociará al barrio textil de la ciudad de los rascacielos.

04 Met Costume Institute
Pregonado por la inconfundible Anna Wintour, este sensacional espacio situado en Uptown es ineludible para entender la historia de la moda.

05

08

07

06

05 Museum at FIT

Asombroso, se ha dado a conocer tanto por su reputada universidad como por su magnífico museo de la historia de la moda.

06 Pippin Vintage Jewelry

En Chelsea se halla esta joyería de época (p. 78), con una alegre temática de la década de 1920, repleta de rutilantes anillos, collares y mucho más.

07 Semana de la Moda de Nueva York

La cita original nació aquí, en Nueva York, y cada año se celebra para deleite de los entusiastas del sector.

08 Madison Avenue

Madison Ave, en Upper East Side, es una meca comercial llena de fabulosas *boutiques*.

01 JUNGKANG/GETTY IMAGES ©, **02** COPENHAGEN STOCK/SHUTTERSTOCK ©, **03** CREATOR999/SHUTTERSTOCK ©, **04** CINDY ORD/MG21/GETTY IMAGES ©, **05** CNMAGES/ALAMY STOCK PHOTO © **06** PIPPIN VINTAGE ©, **07** NATA SHA/SHUTTERSTOCK ©, **08** MARC VENEMA/SHUTTERSTOCK ©

Sugerencias

NO TE PIERDAS...

Café bien cargado y dulces tentaciones

Jack's Coffee $

Lugareños y visitantes coinciden en este coqueto café de referencia, en una bocacalle de Greenwich. No hay que perderse el *latte* con miel.

Magnolia Bakery $$

Pese a servir un excelente repertorio dulce, el pudin de banana es el bocado estrella de esta famosa pastelería, seguido de cerca por sus *hummingbird cupcakes*.

Billy's Bakery $

Esta consolidada pastelería de Chelsea tiene todo lo que cabría esperar y más: pasteles, *cupcakes, cookies* y delicias para compartir.

Ciao For Now $

Propuesta familiar que ofrece deliciosos postres ecológicos, además de una ecléctica e innovadora carta. Acoge eventos y fiestas con *catering* incluido.

Prodigy Coffee $

En Carmine St se encuentra esta cafetería minimalista de regusto internacional, que sirve *espressos* y bebidas de café.

Fat Witch Bakery $

Adorable, despacha uno de los mejores *brownies* de la ciudad desde el mismísimo Chelsea Market.

Molly's Cupcakes $

Local especializado en rompedores *cupcakes* de sabores como crema de Boston, Nutella, ron Bennington o tarta de queso con arándanos.

Doughnut Project $

Esmerarse en producir pequeñas tandas de dónuts a partir los mejores ingredientes: una fórmula sencilla que, sin duda, triunfa.

Parques y zonas verdes

Washington Square Park

El más célebre de los parques de West Village goza de un ambiente joven, jovial y dinámico gracias a la cercanía de la Universidad de Nueva York y la New School.

Union Square Park

Linde de East Village y West Village, amenizado habitualmente por artistas callejeros.

Hudson River Park

Con vistas hermosas, muchas zonas de césped para tumbarse y una pasarela para trotar o pasear en compañía.

High Line

Este plácido jardín urbano, construido en una vía férrea en desuso por encima de la calle, es también un inspirador proyecto medioambiental que alberga miles de especies de plantas y flores.

POLUDZIBER/SHUTTERSTOCK ©

Magnolia Bakery.

Muelles de Chelsea

Los antiguos almacenes son hoy un centro de ocio lleno de restaurantes, pistas para practicar golf, una pista de patinaje y salas de fiesta.

James J Walker Park

Excelente parque que debe su popularidad a sus numerosas instalaciones deportivas: *hockey* sobre césped, fútbol, baloncesto y otros muchos deportes.

Bleecker Playground

En pleno West Village, muy del gusto de familias y padres, incluidas celebridades que acaban de estrenarse en la paternidad.

Dónde comer y beber

Morandi — $$$

Bello establecimiento italiano, ideal para comer al aire libre, con un sensacional emplazamiento en una de las calles más bulliciosas del barrio. La carta de vinos es estelar.

Little Owl — $$$

Diminuto restaurante de aforo reducido, con una amplia y deliciosa carta de inspiración mediterránea que compensa la espera.

St Tropez West Village — $$$

Cálido y acogedor, este precioso restaurante agrada con sus vinos, su carta de vocación marinera (destacan las ostras) y su animada cocina abierta.

While We Were Young Kitchen and Cocktails — $$

Sofisticado, espacioso y muy especial, así es este híbrido de coctelería y restaurante donde paladear nueva cocina estadounidense con un toque distinto.

Little Branch — $$

Pequeño bar que sirve cócteles con combinaciones y sabores únicos. Muy recomendables los preparados a base de tequila y ginebra.

BEN BRYANT/SHUTTERSTOCK ©

Union Square Park.

Employees Only — $$

Arraigado *speakeasy* en pleno corazón del barrio, elegido "mejor coctelería del mundo" por los Spirited Awards.

City Winery — $$$

Este ribereño bar de vinos despunta por sus excelentes caldos y creaciones culinarias, así como por su divertida programación de música en vivo y eventos.

The Spaniard — $$

Pese al nombre, ni la decoración ni su carta tienen nada de español. Promete, eso sí, reservados grandes y cómodos y bebidas certeras.

Analogue — $$$

A poca distancia del Washington Square Park y de la Universidad de Nueva York, se le conoce por su marco ultrasofisticado y sus tragos contundentes.

Lo mejor de High Line: consejos en línea para visitar el parque elevado de Nueva York

TRIBECA Y FINANCIAL DISTRICT

CULTURA | OCIO | LEGADO

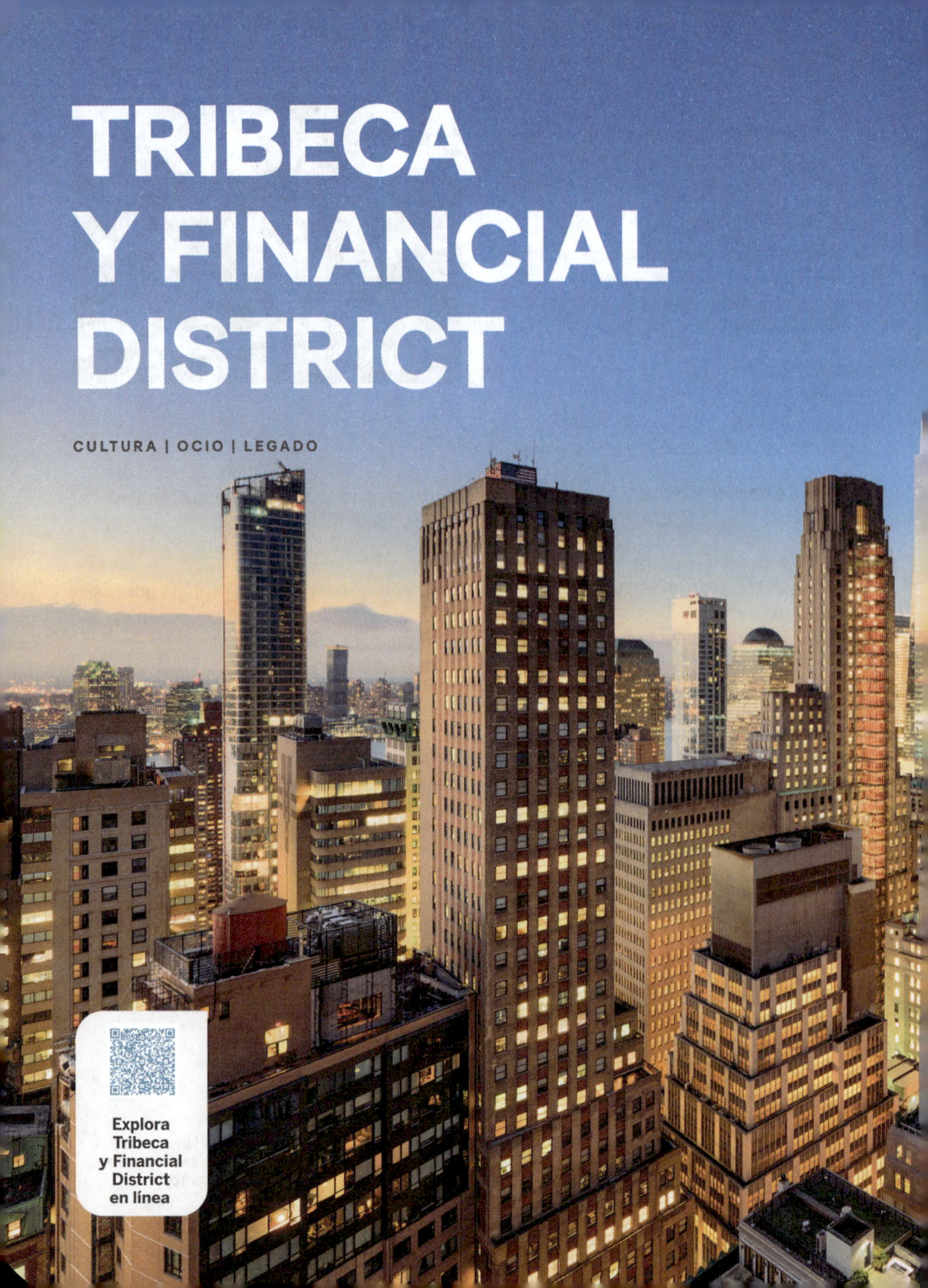

Explora Tribeca y Financial District en línea

TRIBECA Y FINANCIAL DISTRICT
Plan de viaje

IMPRESCINDIBLES Y JOYAS OCULTAS

Imprescindible en cualquier visita a Lower Manhattan es detenerse en Tribeca (Triangle Below Canal St) o en Financial District (abreviado FiDi), ambos con un poco de todo: vestigios del pasado de la ciudad, restaurantes reputados y mucho que ver. Y puesto que las avenidas se acortan a medida que se acercan al centro, estos barrios resultan más abarcables a pie si cabe; caminar de una punta de la isla a la otra es más viable, además.

Información

Lo mejor Historia local, lugares de interés y cocina de altos vuelos.

Cómo llegar Cualquier línea de metro salvo las BDFM (naranja) o la G (verde claro).

Cómo desplazarse El tráfico y las obras, sumadas a las calles empedradas de sentido único, hacen que ir a pie sea lo mejor.

Consejo La escalinata de la Bolsa de Nueva York es un lugar imbatible para ver el trasiego.

CHINATOWN
Engrosar la biblioteca con algún ejemplar de la **Mysterious Bookshop** (p. 97).
1 min desde la estación de Chambers St
The Mysterious Bookshop
Chambers St
Warren St
City Hall Park
Broadway
Church St
Park Row
LOWER MANHATTAN
Puente de Brooklyn
Pearl St
Fulton St
Admirar el **Oculus** (p. 97), una inmaculada obra maestra arquitectónica.
1 min desde la estación de World Trade Center
Visitar el conmovedor **National September 11 Memorial & Museum** (p. 92).
1 min desde la estación de World Trade Center
SOUTH STREET SEAPORT
Franklin D Roosevelt Dr
Río East
Greenwich St
Broadway
Beaver St
Water St
Ir de pícnic al parque **Elevated Acre** (p. 91), lejos de las multitudes y con vistas al agua.
5 min desde la estación de Wall St
FINANCIAL DISTRICT
Coenties Slip
Whitehall St
Battery Pl
Battery Park
Posar con estilo junto al **toro de Wall Street** (Charging Bull; p. 97) de Wall St.
6 min desde la estación de Wall St
Sentir la brisa a bordo del **ferri de Staten Island** (p. 91), con magníficas vistas de la ciudad y de la Estatua de la Libertad.
Estación de South Ferry
0
500 m

13 Un día junto AL AGUA

PAISAJES | OCIO | ARQUITECTURA

Tras calzarse unas zapatillas bien cómodas, hay que poner rumbo al extremo de Manhattan, donde los muelles se adentran en los ríos Hudson y East, en ambas orillas de la isla, para, luego, dejarse acariciar por la brisa y gozar de las espectaculares vistas de Brooklyn y Nueva Jersey.

JAMES ANDREWS1/SHUTTERSTOCK ©

Información

Cómo llegar Tomar el metro al centro de Manhattan, al sur de Canal St, y caminar hacia el este o el oeste hasta dar con el agua.

Cuándo ir Evítese el invierno, cuando las gélidas temperaturas se conjuran con un viento que cala los huesos.

Consejo Llevar la cámara para inmortalizar la puesta del sol sobre las olas.

PHILIP LANGE/SHUTTERSTOCK ©

Arriba izda.: muelle 25, Hudson River Park. **Abajo izda.:** muelle 17.

Mostrar espíritu competitivo Medirse a los compañeros de viaje en una partida de minigolf o remar en kayak en las aguas del **Hudson River Park** (hudsonriverpark.org), que comprende los **muelles 25** y **26,** en Tribeca. Redondean la oferta un *skate park*, carriles-bici y muchas zonas verdes.

Arquitectura asombrosa El **muelle A,** en Financial District, es una de las dársenas más históricas de Nueva York, hogar de la casa del puerto que se construyó aquí en 1886 para, en el 2014, renacer como complejo de bares y restaurantes. Vale la pena contemplar la arquitectura y la torre del reloj, y si se enfila hacia la ribera, se obtendrá una vista nítida de la **Estatua de la Libertad.**

¡Leven anclas! Para ver velas de tamaño colosal hay que dirigirse a **South Street Seaport** (theseaport.nyc), en Financial District. Una vez ahíto de barcos, se podrá comer en alguno de los incontables restaurantes. Con un poco de suerte habrá un mercadillo en la plaza adoquinada, aunque también se pueden recorrer las singulares *boutiques* de la zona. Los más aventureros pueden continuar hasta South Ferry, donde se toma el **ferri de Staten Island,** que va más allá de la Estatua de la Libertad.

Música en vivo y luces Para una experiencia memorable, se recomienda asistir a un concierto nocturno en la azotea del **muelle 17** (pier17ny.com), premiado con amplias vistas del puente de Brooklyn.

Escapar del mundanal ruido

No todas las zonas verdes y apacibles están fuera del centro. De hecho, no lejos de The Battery (normalmente abarrotado con el buen tiempo) se encuentra el apenas conocido **Elevated Acre,** un parque con vistas al agua situado sobre un aparcamiento de Financial District. Aunque no sea un muelle, queda a corta distancia a pie de los situados en East Side, y su ubicación elevada es sinónimo de buenas vistas. Cerca, además, se verán helicópteros despegar y aterrizar. Sin embargo, lo mejor de todo es que muy poca gente sabe de este recóndito lugar que, con frecuencia, puede disfrutarse en exclusiva.

14 Una ciudad INQUEBRANTABLE

HISTORIA | LEGADO | ORGULLO

Es imposible referirse a Financial District sin mencionar los atentados terroristas perpetrados contra las Torres Gemelas en el 2001 y la manera en que Lower Manhattan logró reconstruirse. El National September 11 Memorial & Museum (911memorial.org) y el One World Trade Center (wtc.com) atraen a miles de visitantes, y los comercios de la zona recuerdan aquel fatídico día.

RESUL MUSLU/SHUTTERSTOCK ©

Información

Cómo llegar Líneas A/C/E (azules) a la estación de World Trade Center.

Cuándo ir Si se visita en invierno o verano, llevar prendas adecuadas para el frío o la humedad, respectivamente.

Dato curioso Bowling Green es el primer parque de Nueva York y, según dicen, antiguo punto de reunión de consejos de tribus nativas americanas.

LITTLENYSTOCK/SHUTTERSTOCK ©

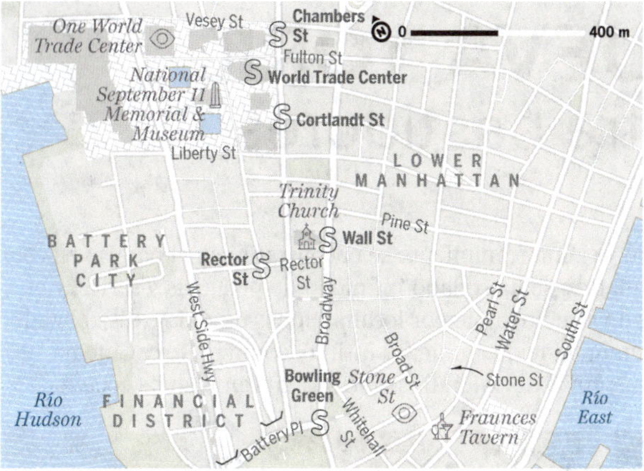

Arriba izda.: National September 11 Memorial. **Abajo izda.:** Stone St.

Apoyar a los pequeños comercios Tras el 11 de septiembre, Lower Manhattan registró un acusado descenso de los comercios familiares. Hoy, en cambio, prolifera todo tipo de negocios, desde joyerías y librerías independientes a cafés y vinaterías. Y, gracias a sus pasajes históricos y calles fáciles de explorar a pie, la zona resulta pintoresca y accesible.

Por la ruta empedrada Los empleados trajeados que pululan por la zona son una importante fuente de ingresos para los bares y restaurantes locales. Para mezclarse con las huestes deseosas de relajarse después del trabajo, lo mejor es pedir algo para comer o una cerveza en cualquier establecimiento de la empedrada **Stone St.** Sus mesas de pícnic son ideales para entablar conversación con la gente o citarse con un grupo de amigos.

Un constante renacer La historia encerrada en las calles de Financial District se remonta unos 400 años atrás, y la zona no solo ha padecido un atentado sin precedentes, sino huracanes, pandemias y demás desastres. Y pese a ello, siempre consigue emerger más reforzada que antes. Un buen ejemplo es **Trinity Church,** cerca de la Bolsa de Nueva York, que pese a ser la primera iglesia de la ciudad ha tenido que reconstruirse en tres ocasiones: ardió pasto de las llamas durante la Guerra de Independencia y, en la década de 1800, quedó devastada por una tormenta de nieve.

Una pizca de historia

Para tomar algo en un *pub* que el mismísimo George Washington visitó en una ocasión hay que dirigirse a **Fraunces Tavern** (frauncestavern.com), en Pearl St, en Financial District, de sobra conocido como el bar más antiguo de la ciudad, con una larga historia a sus espaldas que resuena en su propio museo. En los últimos 250 años ha sido testigo, entre otras cosas, de guerras, tormentas y pandemias; aun así, no pierde fuelle y es perfecto para picar algo o disfrutar de una pinta o un *whisky*. Según la época, hay *happy hour* de ostras, y los fines de semana suena música en directo.

15 NUEVA YORK entre bastidores

CINE | OCIO | FESTIVALES

Los fanáticos del ocio y el entretenimiento se encontrarán en el paraíso en este barrio, pues en Lower Manhattan se ha rodado infinidad de películas y series, y es una zona genial para hacer un circuito a pie por localizaciones de rodaje. Es obligado, también, ver una película en un cine de ambiente íntimo, como el Roxy Cinema (roxyhotelnyc.com), donde además de palomitas *gourmet* sirven buenos cócteles.

OLDSKOOLDESIGN/SHUTTERSTOCK ©

Información

Cómo llegar Línea 1 hasta la estación de Franklin St, o las A/C/E hasta la de Canal St.

Cuándo ir Aunque cualquier época es buena, el Tribeca Festival, en abril, atrae a escritores y directores de cine independientes de todo el mundo.

Consejo ¡Aguzar la vista! Aquí viven muchos músicos y actores.

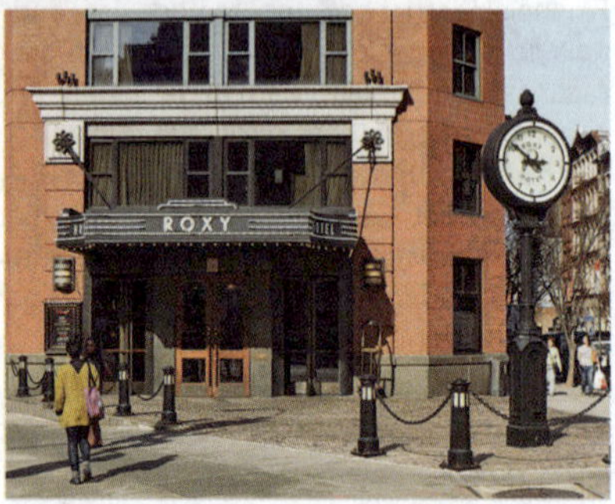

DW LABS INCORPORATED/SHUTTERSTOCK ©

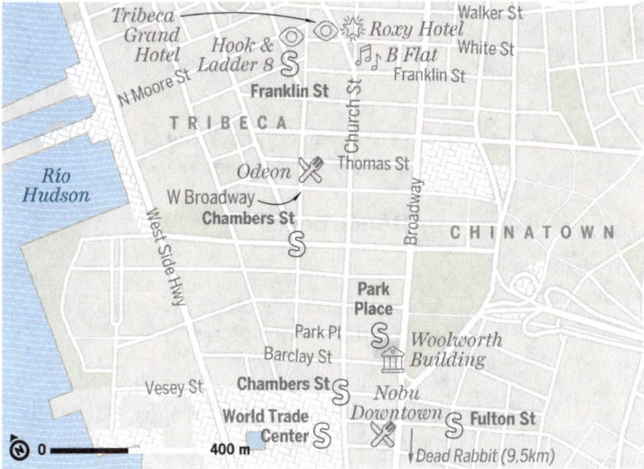

La magia del cine Tras fotografiarse junto a la **estación de bomberos Hook and Ladder Company 8,** fácilmente reconocible como la sede de los *cazafantasmas,* se va al **Tribeca Grand Hotel,** donde Hugh Grant participó en *Amor con preaviso.* Después, se continúa hacia el famoso **Woolworth Building,** en Broadway, que aparece en *La búsqueda,* protagonizada por Nicholas Cage, y en *Encantada,* donde Amy Adams se enfrenta a la malvada madrastra del personaje que encarna. Como colofón, se toma un *brunch* en el **Odeon,** conocido por crear el legendario *cosmopolitan* de *Sexo en Nueva York.*

Negocios de celebridades Nunca se sabe con quién cabe encontrarse cuando se va a comer a alguno de los establecimientos propiedad de famosos que salpican la zona. Robert De Niro tiene varios restaurantes cercanos: **Nobu Downtown** *(sushi),* **Locanda Verde** (pasta) o **Tribeca Grill** (carnes y vinos). El **Laughing Man Coffee,** de Hugh Jackman, es un proyecto con conciencia sostenible y sin ánimo de lucro.

Momentos inolvidables El **Tribeca Film Festival,** también popularizado por De Niro, nació tras los atentados del 11 de septiembre con el propósito de ayudar a reactivar el centro de Manhattan. Hoy, es uno de los pocos festivales en los que tienen cabida experiencias de inmersión, relatos en audio y videojuegos, amén de cine independiente; muy recomendable si la visita coincide con su celebración.

Arriba izda.: estación de bomberos de Hook and Ladder 8.
Abajo izda.: Roxy Hotel.

Sentir la música

La guinda a una jornada de magia hollywoodiense puede ser una sesión de *jazz* y *blues* en algún bar con actuaciones en vivo de Tribeca. El **Django,** en el sótano del Roxy Hotel, es una opción muy popular, aunque suele abarrotarse los fines de semana. De estar lleno, pruébense o bien el B Flat, en Church St, o el **Dead Rabbit,** en Water St, en el FiDi, perfecto para trasegar *whisky* durante un concierto de música tradicional irlandesa. Una buena alternativa es quedarse en el Roxy y ver un filme clásico en su acogedor cine, a un paso de su club de *jazz*.

Sugerencias

NO TE PIERDAS...

Dónde comer

Odeon $$$

Siempre lleno de familias y amigos, es insuperable para mimarse con un exclusivo *brunch* o un clásico de bistró acompañado de un *cosmopolitan*.

Manhatta $$$

Espléndido restaurante en un 60º con vistas de pájaro y una selecta carta de temporada combinada expertamente con vinos de Borgoña.

Crown Shy $$$

Difícilmente se repetirá plato en esta certera propuesta de nueva cocina estadounidense con una carta en constante rotación.

CUT by Wolfgang Puck $$$

En el Four Seasons Hotel New York Downtown, pensado para tirar la casa por la ventana.

Eataly $$$

Productos italianos y unas pastas de época. A diferencia del local de Uptown, no venden vinos.

Tamarind Tribeca $$$

Refinada cocina india para el recuerdo. Hay que probarlo: pollo, cordero, cabra, pescado, marisco...

City Vineyard $$

Genial para cargar pilas con un *brunch* con vistas al agua o, gracias a su sobresaliente carta de vinos, para disfrutar de la *happy hour* al aire libre.

Benvenuto Tribeca $

Pese a que ni en Tribeca ni el FiDi abundan los buenos restaurantes 24 h, este *diner* lo tiene todo y a cualquier hora. Y, por si fuera poco, hacen envíos a domicilio.

Dónde beber

Stone Street Tavern $$

Puntal de la célebre Stone St, en pleno FiDi, ideal para una o dos pintas.

Watermark $$

Si apetece un trago junto al agua, este local cumple con creces.

IPIC $$

Lujoso cine perfecto para tomar y cenar algo mientras se ve una película.

Clinton Hall $$

Esta cervecería es una de las mejores apuestas para cuando el tiempo no acompaña.

La mejor arquitectura

Woolworth Building

El que fuera el edificio más alto del mundo de 1913 a 1930 permite hacerse una idea de cómo eran los primeros rascacielos.

Staple Street Skybridge

Una de las estampas más fotografiadas de Tribeca es este puente situado en un tercer piso que conecta dos edificios independientes separados por una estrechísima calle.

'Jenga' Tower (56 Leonard St)

Su aspecto lo identifica claramente: un llamativo bloque de apartamentos que parecen tambalearse, como en el juego al que debe su apodo.

St Paul's Chapel

Histórica capilla de la década de 1700, abierta al público todo el año.

Trinity Church

Última morada del padre fundador Alexander Hamilton, de estilo neogótico (1697).

Oculus

Al caminar junto a la Zona Cero es imposible pasar por alto las blancas alas del Oculus, para cuyo diseño el arquitecto español Santiago Calatrava se inspiró en un ave.

One World Observatory

Encaramado en lo alto del One World Trade Center (Freedom Tower), el observatorio del edificio más alto del hemisferio occidental ofrece unas vistas únicas de la ciudad.

Puntos de interés al aire libre

National September 11 Memorial & Museum

Es obligado homenajear en el antiguo emplazamiento de las Torres Gemelas a las víctimas de unos atentados que cambiarían por siempre la historia de Nueva York.

'Fearless Girl'

Esta escultura en bronce de Kristen Visbal ha cambiado varias veces de emplazamiento como símbolo de resistencia. Si bien en un principio estaba frente al toro de Wall Street, en el 2018 se reubicó delante de la Bolsa de Nueva York. Junto al toro puede verse una placa que recuerda su paso por allí.

Toro de Wall Street ('Charging Bull')

En 1989, dos años después de un gran descalabro bursátil, el escultor Arturo Di Modica sorprendió al barrio entero al colocar esta famosa efigie de bronce a las puertas de la Bolsa de Nueva York. Hoy sigue considerándose un símbolo de Wall St, pese a encontrarse junto al Bowling Green Park.

The Battery.

The Battery

Sencillo parque ideal para conectar con la naturaleza; menos lleno que Madison Square Park o Central Park, más alejados del centro.

SeaGlass Carousel

En The Battery hay un formidable tiovivo con visos artísticos que hará las delicias de pequeños y mayores.

De compras

Mysterious Bookshop

Repleta de títulos en clave policiaca, de espionaje y novela negra en general, abrió sus puertas en 1979 y se especializa en libros raros y primeras ediciones.

Brookfield Place

En una ciudad donde los centros comerciales son una rareza, este mastodonte resulta perfecto tanto para mirar escaparates como para comer algo. Hudson Eats, en Brookfield Place, es una zona de restauración *gourmet* con representación de todas las cocinas imaginables.

Contempla en línea Nueva York desde el nuevo One World Observatory

SOHO Y CHINATOWN

HISTORIA | COMIDA | TIENDAS

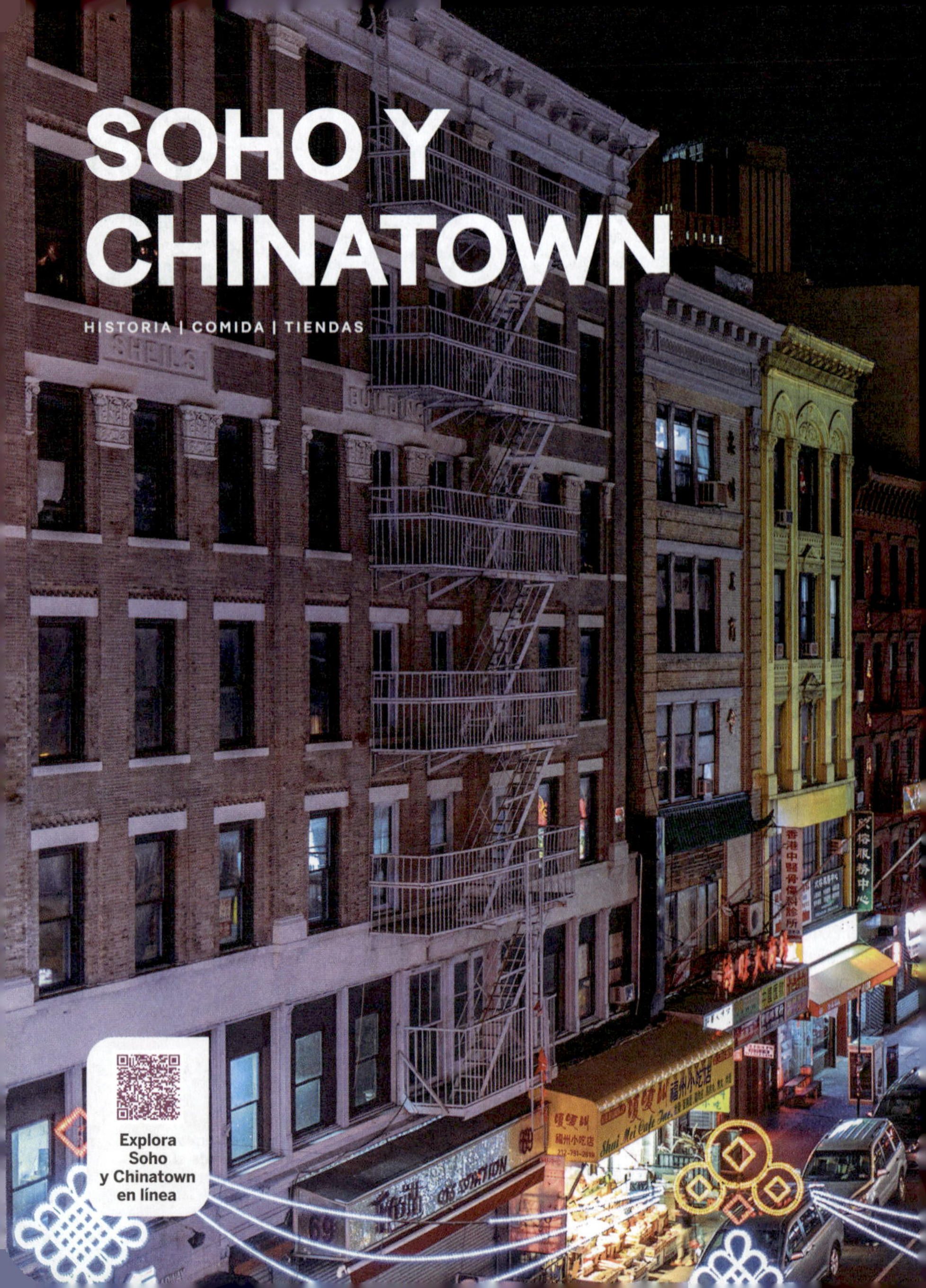

Explora Soho y Chinatown en línea

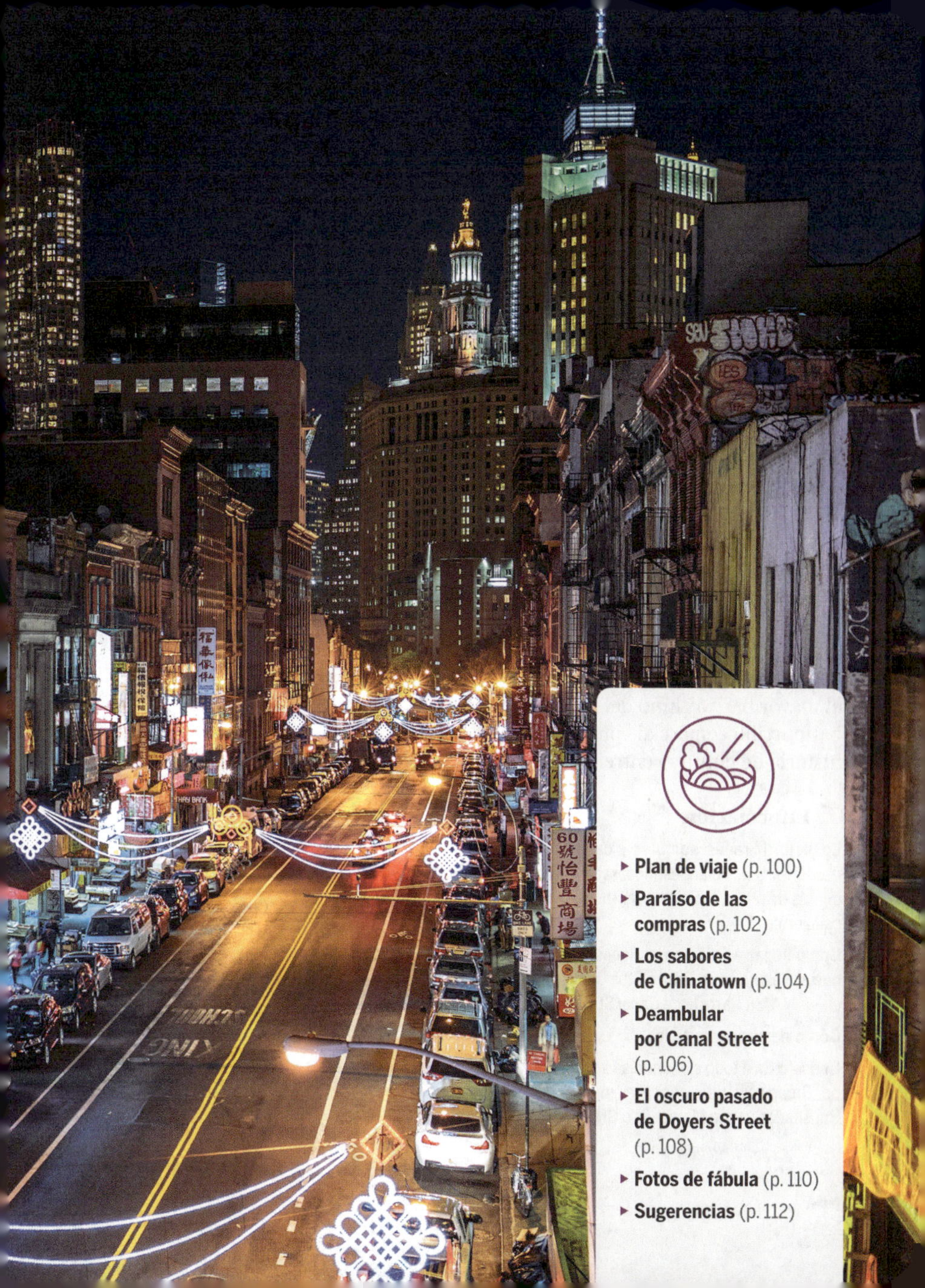
60號怡豐商場

SOHO Y CHINA-TOWN
Plan de viaje

IMPRESCINDIBLES Y JOYAS OCULTAS

SoHo (South of Houston) y Chinatown deparan todo aquello que hace de Nueva York una ciudad especial. La ruta de Houston St a Canal St es un edén consumista rebosante de tiendas de grandes marcas, anuncios y *boutiques* a la última. Por su parte, Chinatown, el mayor barrio chino del país, es un batiburrillo comercial con una rica historia de culturas entremezcladas.

Información

Lo mejor Mirar escaparates, picar algo, descubrir bares clandestinos, sacar fotos dignas de redes sociales y ver moda callejera.

Cómo llegar A SoHo, en las líneas N/Q/R hasta la estación de Prince St; a Chinatown, en las N/Q/R hasta la de Canal St.

Cómo desplazarse A pie.

Consejo Casi todo el mundo se arremolina por Broadway; optar por calles menos transitadas, como Mercer St o Greene St.

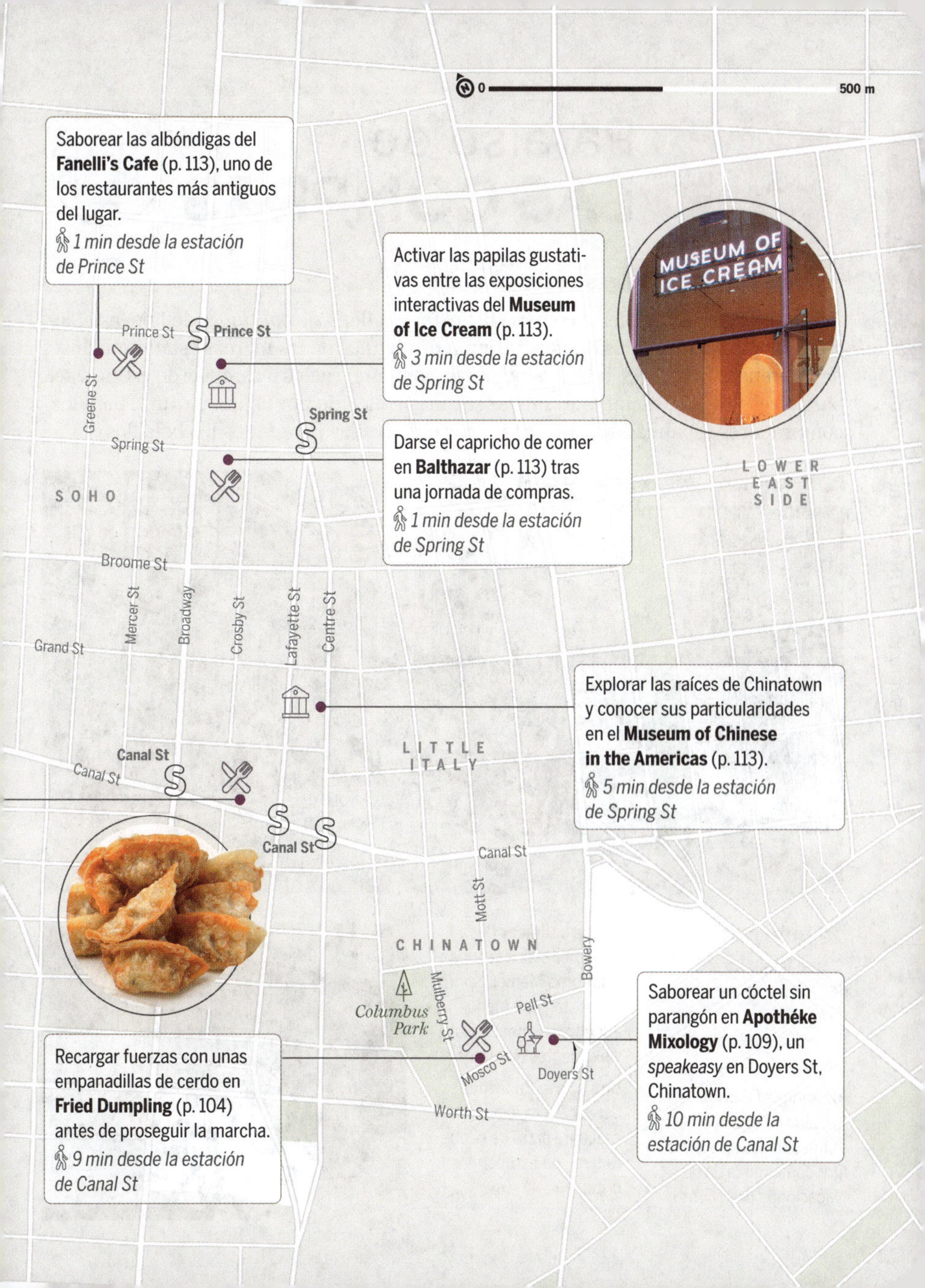

Saborear las albóndigas del **Fanelli's Cafe** (p. 113), uno de los restaurantes más antiguos del lugar.
1 min desde la estación de Prince St

Activar las papilas gustativas entre las exposiciones interactivas del **Museum of Ice Cream** (p. 113).
3 min desde la estación de Spring St

Darse el capricho de comer en **Balthazar** (p. 113) tras una jornada de compras.
1 min desde la estación de Spring St

Explorar las raíces de Chinatown y conocer sus particularidades en el **Museum of Chinese in the Americas** (p. 113).
5 min desde la estación de Spring St

Recargar fuerzas con unas empanadillas de cerdo en **Fried Dumpling** (p. 104) antes de proseguir la marcha.
9 min desde la estación de Canal St

Saborear un cóctel sin parangón en **Apothéke Mixology** (p. 109), un *speakeasy* en Doyers St, Chinatown.
10 min desde la estación de Canal St

16 Paraíso de LAS COMPRAS

TENDENCIAS | MODA | TRASIEGO CALLEJERO

Célebre por su oferta comercial, SoHo está lleno de *boutiques* de lujo, establecimientos de diseño y las tiendas insignia de algunas de las marcas estadounidenses de referencia. Si apetece mirar escaparates, comprar regalos o cambiar de estilo, este barrio resulta imprescindible. Tal vez sea más conocido por la alta costura, pero los compradores espabilados saben cómo dar con tiendas para todos los bolsillos.

RYAN DEBERARDINIS/SHUTTERSTOCK ©

Información

Cómo llegar Líneas N/Q/R hasta la estación Prince St, corazón de la zona comercial más popular del SoHo.

Cuándo ir En primavera u otoño se evitan la humedad estival y el fragor consumista de las vacaciones de invierno.

Mejor, callejear Decantarse por calles secundarias como Mercer, Spring o Wooster, con menor afluencia de peatones y excelentes reclamos.

Una pausa En **Prince Street Pizza,** cuya crujiente *pizza* de *pepperoni* recibe estupendas críticas.

RESUL MUSLU/SHUTTERSTOCK ©

Arriba izda.: cruce de Spring St con Broadway. **Abajo izda.:** Ladurée.

Renovar el armario En cualquiera de las incontables *boutiques* o grandes tiendas del SoHo. Prácticamente todas las marcas nacionales imaginables están aquí representadas, lo que da para pasar un día entero probándose ropa. Quienes busquen artículos *vintage* pueden acercarse a **Housing Works,** en Crosby St, y a **What Goes Around Comes Around,** en Wooster St, comercios ambos comprometidos con la sostenibilidad.

Encontrar inspiración No hay que vaciar la cartera para disfrutar del SoHo, una de las mejores zonas de Manhattan para observar moda callejera. Se verán las últimas tendencias, ya sea en los escaparates o en los viandantes. Vale la pena darse una vuelta solo por apreciar el estilo tan dispar que hay.

Prepararse para lo inesperado El magnetismo comercial del SoHo hace que sea un lugar muy propicio para propuestas pasajeras y experiencias inmersivas. Varios edificios funcionan como espacios para eventos que van rotando, con lo cual uno nunca sabe lo que va a encontrar: a veces se trata de una exposición de arte, otras se convierten en museo o incluso pueden acoger una ansiada venta de restos de *stock* por los que la gente pierde la cabeza. No hay que dejar de entrar en ningún sitio aunque no se sepa muy bien qué esperar.

Ideas para recargar pilas

A los entusiastas del té les fascinará **Harney & Sons Fine Teas' SoHo Shop** (harney.com), en Broome St. Este negocio familiar, ya en su tercera generación, presume de una amplia colección de tés que pueden degustarse en su salón; su personal responderá gustoso a cualquier pregunta relativa a la preparación, ingredientes y sabores de estos. Si apetece algo más intenso, pruébense el café y los dulces de **Maman** (mamannyc.com), una panadería francesa en Centre St, de la que muchos famosos son asiduos; o el *brunch* y los irresistibles *macarons* de **Ladurée** (laduree.us), en West Broadway.

LOS SABORES
de Chinatown

02

04

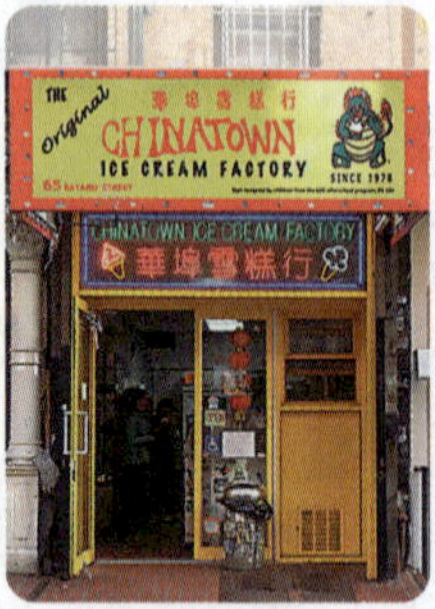

06

03

01

05

01 Dr Clark's

Pensado para ir en grupo a compartir platos de la isla japonesa de Hokkaido, a destacar los erizos de mar y el carnero.

02 Fried Dumpling

Sus empanadillas de cerdo son una de las grandes delicias a precio de ganga de la ciudad: cinco cuestan menos de 2 US$.

03 Peking Duck House

Si se está con antojo de pato, sin duda este es el lugar. Se puede llevar alcohol.

04 Original Chinatown Ice Cream Factory

Heladería muy distinta de la competencia, con sabores como sésamo negro, lichi y alubia roja.

05 Mei Li Wah

Los más golosos adoran el *char siubao*, un panecillo al vapor relleno de cerdo.

06 Tasty Hand-Pulled Noodles

Sus deliciosos fideos salteados justifican la perenne cola junto a la entrada.

08

10

09

11

12

07

13

07 Golden Diner

Las diestras manos del chef Sam Yoo saben cómo dar un toque asiático a clásicos como hamburguesas o tortitas.

08 Hop Kee

Para probar cangrejos y caracoles al estilo cantonés.

09 Jing Fong Restaurant

Local de *dim sum*, con aforo para más de 500 comensales, que destaca entre la abundante competencia en Chinatown.

10 Pinklady Cheese Tart

Esponjosas tartas de queso de estilo japonés con sabores como *matcha*, *ube* y chocolate.

11 Pho Vietnam

El *pork banh mi* o sus reparadores cuencos de *pho* exigen tener apetito.

12 Buddha Bodai

Carta de *dim sum* íntegramente vegetariana.

13 Kam Hing Coffee Shop

Té con bizcocho: una merienda perfecta.

17 DEAMBULAR por Canal Street

CULTURA | AMBIENTE DE BARRIO | ARTE

Canal St es una de esas raras calles que seccionan casi todo Manhattan de este a oeste, dejando varios barrios al norte y otros tantos al sur. Eso la convierte en una vía magnífica para pasear apreciando cómo cambia el ambiente de la ciudad de una manzana a otra. Al sur de Canal se sitúa Tribeca, luego Chinatown; al norte, el SoHo y Little Italy, entre otras zonas.

RICHARD LEVINE/ALAMY STOCK PHOTO ©

Canal Street

Canal St debe su nombre a un canal, ya inexistente, de la década de 1800. Hoy, la jalonan varias tiendas, cafés y galerías de arte, y no es raro verla congestionada debido al tráfico. Por eso, no hay mejor manera de visitarla que yendo a pie.

Información

Cómo llegar Líneas 1, A/C/E o N/Q/R/W hasta la estación de Canal St. La 1 recala en el extremo occidental de la calle; desde ahí se llega a Tribeca en dirección a Chinatown.

Cuándo ir Cualquier época es buena.

Consejo Abrir bien los ojos para ver galerías de arte temporales por Canal St. Cada tanto hay artistas que transforman los escaparates de las tiendas en exposiciones, en ocasiones, interactivas.

01 En el cruce de Hudson St con Canal St hay un local del apreciado **Maman,** perfecto para un rápido desayuno.

02 El **Canal St Market,** con una selección de propuestas en continuo cambio, es una buena opción para almorzar.

03 Aplacar la sed en el **Tiger Sugar** con un té dulce de burbujas originario de Taiwán.

04 Entre las calles Mott y Baxter, en Canal, se concentran tentadoras joyerías como **Magnolia Jewelers.**

05 La ruta termina en la esquina de Canal con Bowery, donde el bar de azotea **Crown** se asoma al puente de Manhattan.

18 El oscuro pasado de DOYERS STREET

HISTORIA | VIDA NOCTURNA | ARTE

Encajada entre Bowery St y Pell St, en una de las manzanas más legendarias de Chinatown, Doyers St encierra un sinfín de relatos centenarios pese a tener apenas 60 m de longitud. Aunque se recorre en un santiamén, es interesante descubrir a qué ha dado paso su truculenta historia: a una recóndita zona de marcha nocturna.

RBLFMR/SHUTTERSTOCK ©

Información

Cómo llegar Líneas 6 o 4/5/6 hasta la estación de Canal St o de Brooklyn Bridge-City Hall, respectivamente; desde donde se puede seguir a pie (10 min). Si no se desea caminar, tómese un autobús hasta E. Broadway/ Catherine St o Bowery/ Bayard St.

Cuándo ir En cualquier momento.

Consejo Tras los estragos económicos causados por los confinamientos durante la covid, en el 2021 se decoró el asfalto de Doyers St con un mural de 450 m² llamado *Rice Terraces* (bancales de arroz).

LITTLENYSTOCK/SHUTTERSTOCK ©

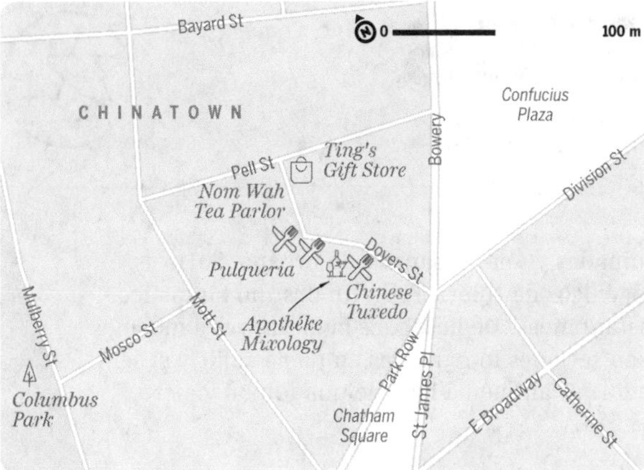

La química, al poder Es obligado probar las sensacionales creaciones de **Apothéke Mixology** (apothekemixology.com), un bar clandestino escondido en Doyers St, donde se imparten clases de coctelería para saber qué licores y hierbas combinan bien (y cuáles, no). La contigua **Pulquería** (pulquerianyc.com) es un antiguo local vietnamita reconvertido en bar-restaurante mexicano.

'Dim sum' en Doyers Nom Wah Tea Parlor (nomwah.com) lleva desde 1920 sirviendo exquisito *dim sum* y *dumplings*, aunque empezó siendo una panadería de barrio. Cualquier postre es garantía de éxito, incluidos los bollitos de alubia roja al vapor (4,50 $) y la *cookie* de almendras (2 US$).

Baratijas por doquier Ting's Gift Store, en plena esquina de Doyers, posee un revoltijo de artículos curiosos que provocarán un compulsivo impulso consumista: figuritas de cerámica, móviles de viento, incienso...

Un poco de historia En **Chinese Tuxedo** (chinesetuxedo.com) sirven recetas modernas en un edificio con décadas de historia. En tiempos fue el primer teatro chino de la ciudad, también conocido como la Ópera China, donde las reyertas entre bandas ya eran habituales a principios de 1900. Así, el sanguinario pasado de Doyers St hizo que terminara apodándose "The Bloody Angle" (el ángulo sangriento) o "The Murder Alley" (el callejón de los asesinatos).

Arriba izda.: Doyers St.
Abajo izda.: Nom Wah Tea Parlor.

'The Bloody Angle'

Si Doyers St terminó convirtiéndose en escenario de incontables asesinatos, esto se debió, en parte, a su forma sinuosa y apartada ubicación. Su acusada curva (de ahí el apodo de "The Bloody Angle") dificultaba ver quién aguardaba al otro lado. Para aventurarse en lo más profundo de Doyers se impone explorar su túnel, gracias al cual muchos lograron escapar de la muerte. Antes de abrirse el restaurante Chinese Tuxedo, se podía acceder al túnel desde la propia Doyers St. Ahora, en cambio, lo mejor es entrar por lo que en su día era la salida: Wing Fat Mansion, en Chatham Sq.

19 FOTOS de fábula

MODA | FOTOGRAFÍA | ARTE

Con sus calles adoquinadas y una vibrante vida urbana, SoHo es uno de los barrios más fotogénicos de Nueva York: un destino fantástico para sacar unas cuantas instantáneas. De hecho, es habitual ver a modelos e *influencers* participando en sesiones fotográficas en plena calle, y si se pide educadamente, puede que se animen a hacerle una foto al viajero.

ED ROONEY/ALAMY STOCK PHOTO ©

Información

Cómo llegar Línea C/E (azul) hasta la estación de Spring St, o N/R (amarilla) hasta la de Prince St.

Cuándo ir Con tiempo agradable, ligeramente cubierto, es cuando mejores fotos se sacan.

Moda Otrora el distrito predilecto de los artistas en Manhattan, este barrio repleto de innovadoras *boutiques* encuentra en la creatividad su mayor fortaleza.

Lavabos públicos Bloomingdales, en Broadway, es uno de los contados comercios de la zona con aseos abiertos al público.

Fotografiar comida

Que nadie se olvide de inmortalizar los manjares que pruebe durante el recorrido. SoHo tiene muy buenos sitios para el *brunch,* muchos de ellos con pintorescas terrazas en las que la acción gira en torno al comensal. Hay que fotografiar, pues, la mimosa o el café con hielo que se pida para acompañar, por ejemplo, una tostada *gourmet* con aguacate o unos sugerentes huevos benedictinos. ¡Ah!, y para bebidas dignas de publicarse en Instagram, las de **Cha Cha Matcha,** en Broome St.

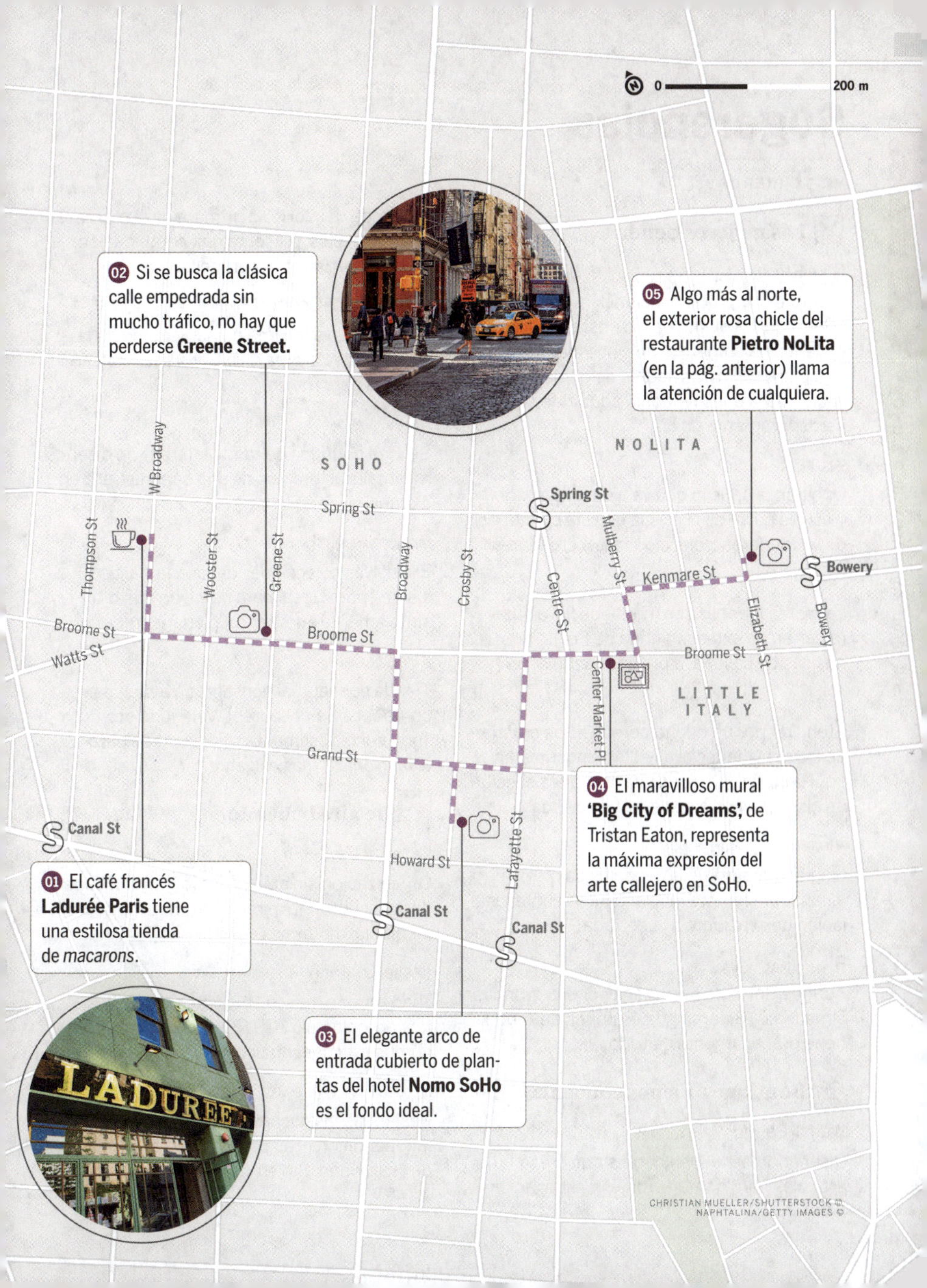

02 Si se busca la clásica calle empedrada sin mucho tráfico, no hay que perderse **Greene Street.**

05 Algo más al norte, el exterior rosa chicle del restaurante **Pietro NoLita** (en la pág. anterior) llama la atención de cualquiera.

04 El maravilloso mural **'Big City of Dreams'**, de Tristan Eaton, representa la máxima expresión del arte callejero en SoHo.

01 El café francés **Ladurée Paris** tiene una estilosa tienda de *macarons*.

03 El elegante arco de entrada cubierto de plantas del hotel **Nomo SoHo** es el fondo ideal.

CHRISTIAN MUELLER/SHUTTERSTOCK ©.
NAPHTALINA/GETTY IMAGES ©

Sugerencias

NO TE PIERDAS...

Las mejores tiendas

Nike Store

Siempre hay una sensacional instalación adornando la planta baja de esta ciclópea experiencia comercial de cinco plantas, ahora equipada con mostradores de personalización para que el artículo adquirido sea verdaderamente único.

Artists & Fleas

Uno nunca sabe lo que va a encontrar aquí, y eso es parte de la magia en esta confluencia de vendedores, coleccionistas y creadores.

Uniqlo

La marca japonesa se mantiene fiel a sus raíces en su extensa tienda de SoHo: prendas básicas de calidad, a precios asequibles.

REI

Atendida por un ducho personal, los amantes de las actividades al aire libre encontrarán aquí de todo, incluidas una completa sección de ciclismo y otra de esquí y *snowboard*.

Alexander Wang

La que fuera primera tienda física de este diseñador siempre luce una interesante instalación de arte junto a la entrada.

Bloomingdales

Aunque SoHo no se prodiga por sus grandes almacenes, Bloomingdales nunca defrauda: tiene prácticamente de todo.

'Boutiques' menos conocidas

Wolf & Badger

Diseñadores independientes que crean artículos para hombre, mujer y el hogar. Su tienda del SoHo, la primera de la marca en todo el país, presenta una combinación de diseños patrios y europeos.

Creatures of Comfort

Catapultada a la fama por la Semana de la Moda, Jade Lai crea divertidos y funcionales diseños para mujer.

Makié

Selecta *boutique* de moda infantil con diseños minimalistas propios de una superestrella en ciernes.

Broken English

Exclusivas colecciones de joyería y artículos de época; ideal para darse un gusto o simplemente admirar todo cuanto reluzca.

KirnaZabete

Tienda conceptual consagrada a marcas como Yves Saint Laurent, Valentino etc. Todo cuidadosamente seleccionado para el *fashionista* más exigente.

De aire bohemio

Drawing Center

Organización sin afán de lucro muy indicada para encontrar inspiración entre exposiciones de dibujo, modernas e históricas por igual.

Leslie-Lohman Museum of Art

Todo en este museo se plantea desde la óptica del colectivo LGBTIQ+, ya sea arte de la comunidad *queer* o una obra inspirada en ella.

Angelika Film Center

Casi todas las noches se proyecta cine independiente y algún que otro taquillazo de Hollywood. Sirven vino y cerveza.

Bares de moda

Gitano $$$

Es como transportarse a Tulum: un bar-restaurante al aire libre, en una bocacalle de Canal St. Los cócteles son caros y el mezcal, de primera. Se paga por el ambiente.

Crosby Bar $$$

Alegre y jovial, el *lounge* del Crosby Hotel sabe satisfacer incluso a los paladares más exigentes.

Botanica $

Este exitoso local de Houston St nunca falla. A veces, improvisan un karaoke.

Tyger $$$

Los cócteles son su mayor baza y, aunque los entrantes están de vicio, no hay que dejar de probar los fideos caseros al huevo y regarlos con cualquier bebida que lleve lichi.

Dónde comer

Fanelli's Cafe $$

Lleva desde 1847 sirviendo certeros clásicos de *diner*.

Dominique Ansel Bakery $

No es de extrañar que haya una fila de fanáticos de los *cronuts* en esta panadería especializada. Los que saben los piden a domicilio para ahorrarse la espera.

Balthazar $$$

Para saborear cocina francesa precedida por unas ostras o almejas en su barra de marisco.

Fried Dumpling $

Auténticas empanadillas fritas, sin florituras.

Antique Garage $$$

Mezcla de sabores turcos, griegos e italianos en un ambiente incomparable. Mejor para el *brunch* o la cena.

Van Leeuwen Ice Cream $

Perfecta para escapar del sofocante calor, una de las heladerías más famosas de la ciudad, con sabores originales, de siempre y opciones veganas.

La Mercerie $$$

Francés ideal para tomar un café acompañado de repostería recién horneada mientras se conversa o se disfruta de la lectura a solas. También sirven copiosos platos, aunque resulta menor el desembolso y el ambiente sigue siendo el mismo si se pide algo ligero para almorzar.

Museos

Museum of Ice Cream

En un llamativo edificio en Broadway, este museo interactivo está a la altura de los más golosos y, además, ofrece montones de oportunidades para sacar fotos.

Museum of Chinese in the Americas

Para ahondar en la historia de los chinos estadounidenses a través de más de 85000 objetos ligados a Chinatown.

Descubre en línea la vida neoyorquina del siglo XIX: el Merchant's House Museum

BROOKLYN
MODERNO | INNOVADOR | DIVERSO
39
Explora Brooklyn en línea

JORALEMON ST
COLUMBIA PL

BROOKLYN
Plan de viaje

IMPRESCINDIBLES Y JOYAS OCULTAS

Puede que Brooklyn sea sinónimo de pretencioso paraíso *hispter*, pero el barrio más populoso de la ciudad es mucho más que barbas y bicis. Es territorio de Biggie Smalls y Barbra Streisand; entre la estética industrial chic y un ambiente de inmigrantes maduros. Aquí se va a tomar cerveza artesana, a colarse en fiestas en antiguos almacenes y a pasear por la ribera para descubrir por qué Kings County es el epicentro mundial de lo *cool*.

Información

Lo mejor Parques vibrantes, oferta noctámbula a la última, barrios pintorescos y cocina creativa.

Cómo llegar Las líneas L y J/M/Z dan servicio al norte de Brooklyn. Las 2/3/, 4/5, A/C, B/D/F y N/Q/R recorren el sur. La G conecta el norte con el sur.

Cómo desplazarse A pie, en bicicleta o en metro.

Consejo No hay que subestimar barrios menos conocidos como Bed-Stuy, Red Hook o Boerum Hill.

Saciar el apetito en **Smorgasburg** (p. 131), un mercado al aire libre para gastrónomos entendidos.
8 min desde la estación de Bedford Ave

Ir a una **cervecería artesanal** (p. 126) de Williamsburg, epicentro neoyorquino de la cerveza.
15 min desde la estación de Bedford Ave

Sacar fotos del **arte callejero** (p. 130) que decora las manzanas aledañas al Bushwick Collective.
14 min desde la estación de Morgan Ave

Bailar hasta caer rendido en la **House of Yes** (p. 128) de Bushwick.
12 min desde la estación de Morgan Ave

Codearse con los intelectuales del barrio en un espectáculo en la **Brooklyn Academy of Music** (p. 130).
5 min desde la estación de Atlantic Ave-Barclays Center

Quedar fascinado con el silvano paisaje de **Prospect Park** (p. 130).
5 min desde la estación de Grand Army Plaza

20 Vistas y sonidos DEL PARQUE

PASEO RIBEREÑO | VISTAS | MODERNO

Si Brooklyn Bridge Park fuese un álbum, se titularía "Grandes éxitos de Nueva York": vistas, historia, espacios de arte y cocina excelsa, todo ello concentrado en 34 Ha de sendas y muelles junto al río East, logrando que este oasis urbano recientemente rehabilitado se erija en un enclave insuperable para pasar la tarde.

ASIATRAVEL/SHUTTERSTOCK ©

Información

Cómo llegar Líneas A/C, 2/3 o F hasta las estaciones de High St, Clark St o York St, respectivamente. Para una entrada memorable, cruzar el puente de Brooklyn desde Manhattan.

Cuándo ir Las vistas son fantásticas todo el año, pero la mejor época para hacer actividades al aire libre es de mayo a octubre.

Consejo Los fines de semana es mejor ir por la mañana o a última hora de la tarde para evitar el gentío al cruzar el puente de Brooklyn.

KRISTI BLOKHIN/SHUTTERSTOCK ©

ALEX CIMBAL/SHUTTERSTOCK ©

El renacer de los viejos almacenes

Es casi imposible imaginar que la existencia de este envidiable emplazamiento llegara a cuestionarse, pero lo cierto es que bajo esta verde alfombra subyace un complejo pasado. A mediados del s. XIX, a Brooklyn se le conocía como la "ciudad amurallada" debido a la impresionante barrera de ladrillos rojos formada por los concurridos almacenes a orillas del río East. Hacia la década de 1970, los negocios cesaron su actividad y la ribera se convirtió en un descampado.

Hoy, los vestigios de la era industrial de Brooklyn se han reciclado en un área comercial en boga. Así, en **Empire Stores** –construidos entre 1868 y 1885, y donde en su día se almacenaban mercancías como café, azúcar, melaza y lana– ahora se encuentra el mercado de alimentación TimeOut y un

Ver monumentos

Estatua de la Libertad
Al oeste se podrá ver a la imponente deidad.

One World Trade Center
El techo del Downtown se eleva a una altura de 541 m.

Empire State Building
Otear el célebre icono *art déco* de Midtown.

Puente de Manhattan
En la linde norte del parque.

Puente de Brooklyn
La monumental puerta gótica de entrada al parque.

Arriba izda.: Brooklyn Bridge Park.
Arriba dcha.: Empire Stores.
Izda.: St Ann's Warehouse.

puñado de tiendas de categoría. El contiguo **St Ann's Warehouse,** un espacio cultural alojado en un antiguo depósito de tabaco, congrega a entusiastas del teatro y la música. También es interesante ver la renovación entre chic e industrial a la que se ha sometido el coqueto **Max Family Garden.**

¡Levar anclas!

El barco de la música Las atronadoras bocinas de los ferris se funden con sinfonías de Bach en **Bargemusic,** una barcaza cafetera de principios del s. XIX hoy reconvertida en sala de música flotante. En la rampa de desembarco se oirán conciertos de música clásica al compás del oleaje del río. Durante todo el año se programan eventos, al pie del puente de Brooklyn.

En plena cubierta El **Pilot,** una centenaria goleta restaurada atracada en el muelle 6, de mayo a octubre sirve comida y bebidas al aire libre a la típica clientela refinada que acostumbra a verse en los Hamptons.

Algo para todo el mundo

Recorrer el **Greenway** en bici, ver a los niños jugar en el **WaterLab,** hacer una barbacoa en la **Picnic Peninsula** y, de postre, disfrutar de un helado. Pasear entre instalaciones de arte público y jardines, como el **Flower Field,** del muelle 6, lleno de mariposas; aprender acerca de la ecología local en el **Education Center** del Conservancy; o ver cómo se pone el sol tras la Estatua de la Libertad. Rematar la jornada con una buena cena y ver una película (Movies with a View) o disfrutar de un concierto acústico... Brooklyn Bridge Park deja una huella indeleble en el recuerdo de quien lo ha visitado.

Por Eric Landau, *presidente de Brooklyn Bridge Park, Instagram @brooklynbridgepark, Twitter @bbpnyc.*

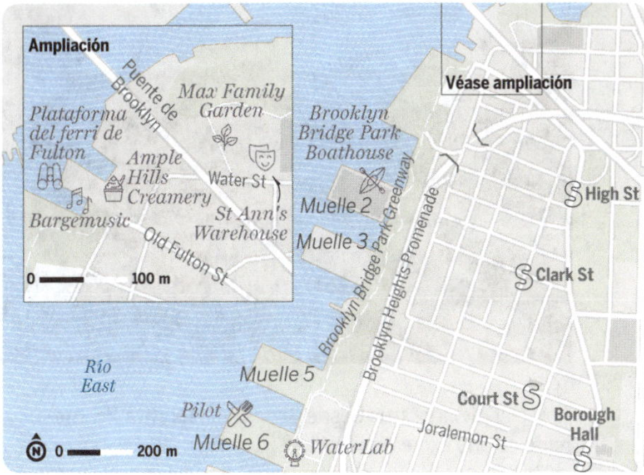

Izda.: Brooklyn Bridge Park.
Abajo: Ample Hills Creamery.

Remar gratis Brooklyn Bridge Park Boathouse ofrece sesiones gratuitas de 20 min en kayak para que los visitantes puedan observar el perfil urbano de Manhattan remando entre los muelles 1 y 2, en compañía de cormoranes orejudos y patos, criaturas habituales durante todo el año por estas orillas. Los horarios varían; es fundamental reservar.

Poesía en el parque

Hay que situarse en la **plataforma de desembarco del ferri de Fulton** para ver Nueva York desde la perspectiva de Walt Whitman, uno de los grandes bardos de Brooklyn. Los versos de "Crossing Brooklyn Ferry" (su poema de 1856 sobre la experiencia que suponía cruzar a Manhattan desde este punto a bordo de un barco de pasajeros) están inscritos en las barandillas cual carta de amor dirigida a los marineros contemporáneos de la ciudad. Un buen sitio para meditar contemplando las olas que antaño fascinaran a este escritor bohemio y divagar sobre lo bien que le iría en una competición de poesía escénica como las que se celebran ahora en Bushwick.

Una vez satisfecha la sed de poesía, toca contentar el apetito en la **Ample Hills Creamery,** una heladería instalada en una antigua estación de bomberos bajo el puente de Brooklyn.

Una carretera con vistas

UNA COMPLICADA PERSPECTIVA DESDE LA MEJOR VISTA DE BROOKLYN

Puede que el perpetuo estado de reinvención de Nueva York deje perplejo a cualquiera, pero por cada rascacielos erigido o vía férrea tendida, siempre hay algo que se pierde irremediablemente. La compleja realidad de la planificación urbanística queda magníficamente ejemplificada por una autopista de Brooklyn, donde un entrañable parque y una congestionada vía pública se entrelazan indisolublemente.

Izda. y dcha.: Brooklyn-Queens Expressway. **Centro:** Brooklyn Heights Promenade.

JOHN PENNEY/SHUTTERSTOCK ©

Apreciar el panorama desde **Brooklyn Heights Promenade** es una experiencia cinemática. A un lado se observan los modernos rascacielos de Manhattan reluciendo como agujas de acero; y al otro, elegantes casa adosadas que evocan imágenes de la cotidianeidad del s. XIX. Las vistas son tan hipnóticas que por un momento es posible olvidarse de la existencia de una autopista de tres niveles muy cerca de allí.

Se trata de la **Brooklyn-Queens Expressway** (BQE), una carretera de casi 20 km que va del túnel de Brooklyn-Battery, cerca de Red Hook, a Grand Central Parkway, en Queens. Tras su paso por Brooklyn Heights, esta se convierte en una prodigio del diseño urbano, capaz de unir sin fisuras tres niveles de tráfico con una apacible explanada.

Brooklyn Heights Promenade tiene una extensión de apenas 500 m, con lo cual sería irrisorio pensar que el resto de la BQE ofrece tranquilidad. Este río de asfalto, con seis carriles a ambos lados del paseo, secciona el barrio como un bisturí: a Red Hook lo separa de Carroll Gardens, a Dumbo lo aleja del centro de Brooklyn, a Williamsburg lo parte en dos y da un último tajo cerca de Greenpoint.

Esta mastodóntica carretera era parte del manifiesto del urbanista Robert Moses, con vistas a impulsar la ciudad hacia el futuro, que él intuía dominado por los coches. Y Moses, que había ocupado infinidad de cargos públicos entre 1924 y 1968 sin haber sido elegido para ninguno de ellos, rara vez sufrió un revés cada vez que presentó un nuevo plan urbanístico.

"En un lugar sin urbanizar, como Nueva Delhi, Canberra o Brasilia, puedes hacer lo que quieras e incluso justificar cualquier capricho", aseguraba, "pero en el caso de un gran conglomerado urbano [como Nueva York], tienes que abrirte paso a machetazos".

ALL CANADA PHOTOS/ALAMY STOCK PHOTO ©

NISIAN HUGHES/GETTY IMAGES ©

Moses fue un urbanista de proporciones bíblicas que separó la ciudad como si del mar Rojo se tratara para satisfacer sus maquinaciones. Es prácticamente imposible moverse por Nueva York sin circular por alguna de sus carreteras. Durante su permanencia en el cargo construyó al menos 670 km de autopistas y siete puentes, solo en la zona metropolitana de Nueva York.

Robert Moses desplazó a unos 250000 neoyorquinos en nombre de la regeneración urbana.

Llevar a la práctica dichos proyectos a menudo implicaba demoler comunidades enteras. Moses desplazó a unos 250 000 neoyorquinos en nombre de la regeneración urbana, haciendo trizas barrios en su mayoría de población inmigrante y de color, sin medios para rebelarse al poder establecido.

Sin embargo, cuando anunció un plan para trazar la BQE sobre Hicks St, los pudientes residentes blancos de Brooklyn Heights le imploraron que esta discurriera en paralelo al río East. Y aunque aquello supusiera deslucir el paseo ribereño, de este modo se salvarían casi todas las viviendas históricas del barrio. Los vecinos de Columbia Heights –quienes vivían a lo largo de la ruta sugerida– fueron un paso más allá y pidieron que se construyera una pasarela sobre la carretera para reemplazar los jardines particulares que sucumbirían al proyecto. Moses aceptó la propuesta, pero con un pequeño ajuste: los jardines privados pasarían a ser un parque público. Brooklyn Heights Promenade se inauguró en 1950.

Tanto si este maravilloso paseo es un regalo de un inverosímil Robin Hood como si se trata de un retorcido robo en forma de autopista, hay algo innegable: las vistas son brutales.

Escenas desde San Juan Hill

El controvertido legado de Robert Moses no siempre es tan visible como una autopista de seis carriles, a menos que se sepa hacia dónde dirigir la mirada. El Lincoln Center, máxima institución artística de Manhattan, se asienta en lo que en tiempos se conocía como la colina de San Juan, una zona de mayoría afroamericana y puertorriqueña hasta mediados del s. xx. Moses arrasó el barrio en el marco de una iniciativa (de financiación estatal) con la que pretendía "desmantelar una zona de chabolas", obligando a desplazarse a 7000 familias y 800 comercios, no antes, eso sí, de que pudieran filmarse en sus calles, en 1961, las secuencias iniciales de la adaptación cinematográfica de *West Side Story*.

21 Recorrido histórico POR BROOKLYN

HISTORIA | ARQUITECTURA | PASEOS

Si las señoriales casas adosadas de Brooklyn Heights pudieran hablar, contarían historias de pastores escandalosos y poetas bohemios, de comerciantes sumamente ricos y de antiguos burdeles. Este pintoresco enclave de King County, con más de 600 hogares previos a la Guerra de Secesión, es un logro de la conservación histórica. El barrio más antiguo de Brooklyn.

Plymouth Church

Desde su púlpito, el reverendo Henry Ward Beecher pronunció en las décadas de 1850 y 1860 incendiarios sermones abolicionistas. Posteriormente, convirtió el sótano de la iglesia en una estación del Underground Railroad (como se denominaba a la ruta de escape de esclavos del sur al norte) y celebró subastas en las que la congregación compraría la libertad de multitud de personas.

Por Tom Meyers, *copresentador del podcast Bowery Boys, en el que se repasa la historia de NY.*

Información

Cómo llegar y desplazarse Línea 2/3/4/5 hasta la estación de Borough Hall y explorar a pie.

Cuándo ir Al atardecer, para atisbar los suntuosos interiores de estas casas de piedra marrón antes de que sus ricos residentes corran las cortinas al caer la noche y, después, enfilar hacia Brooklyn Heights Promenade para disfrutar de amplias vistas de la puesta del sol.

Dónde comer Atlantic Ave, en el límite del barrio, tiene una excelente selección de restaurantes, bares y *boutiques*.

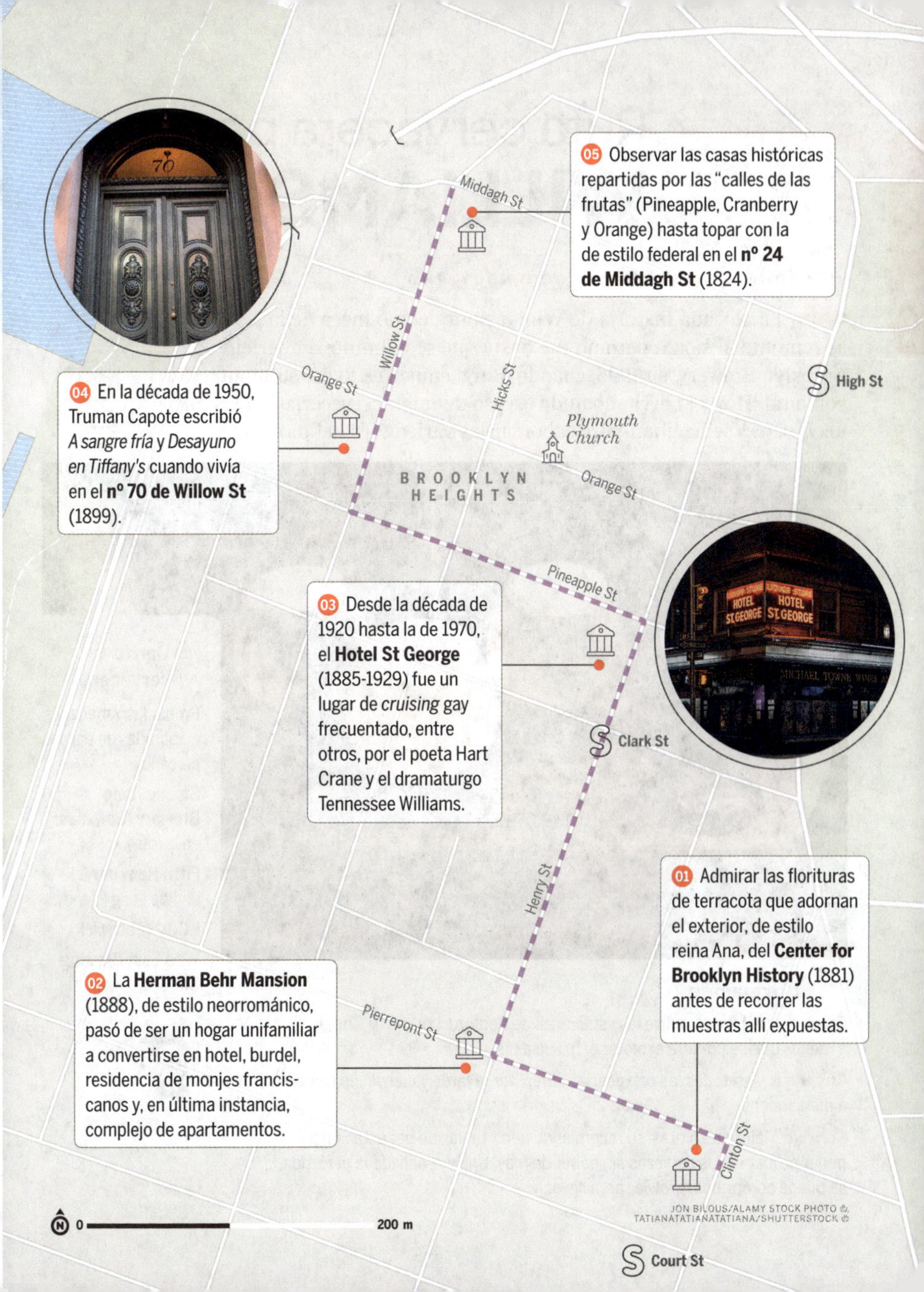

01 Admirar las florituras de terracota que adornan el exterior, de estilo reina Ana, del **Center for Brooklyn History** (1881) antes de recorrer las muestras allí expuestas.

02 La **Herman Behr Mansion** (1888), de estilo neorrománico, pasó de ser un hogar unifamiliar a convertirse en hotel, burdel, residencia de monjes franciscanos y, en última instancia, complejo de apartamentos.

03 Desde la década de 1920 hasta la de 1970, el **Hotel St George** (1885-1929) fue un lugar de *cruising* gay frecuentado, entre otros, por el poeta Hart Crane y el dramaturgo Tennessee Williams.

04 En la década de 1950, Truman Capote escribió *A sangre fría* y *Desayuno en Tiffany's* cuando vivía en el **nº 70 de Willow St** (1899).

05 Observar las casas históricas repartidas por las "calles de las frutas" (Pineapple, Cranberry y Orange) hasta topar con la de estilo federal en el **nº 24 de Middagh St** (1824).

22 Ruta cervecera por WILLIAMSBURG

VIDA LOCAL | CERVECERÍAS | OCIO NOCTURNO

La alocada historia de Williamsburg como meca de la cerveza se remonta al s. XIX, pero no fue hasta que se culminó la aparición de Brooklyn Brewery, en 1996, cuando 'Burg' empezó a forjar su reputación como tal. Hoy, el barrio no anda escaso de microcervecerías en las que los *hipsters* se hacinan para saborear las variedades del momento.

Información

Cómo llegar Línea L, entre las estaciones de Bedford, Lorimer y Grand, a menos que se prefiera explorar el barrio a pie.

Cuándo ir Casi todas las cervecerías abren por la tarde y cierran en torno a medianoche.

Consejo Mejor que pintas, se recomienda pedir tablas de degustación para poder probar varias cervezas sin beber de más. Una vez hallada la preferida, se puede comprar un *growler* para llevar.

Barrio cervecero

Probar las variedades elaboradas en barrios cercanos:

Strong Rope Brewery (Gowanus; en la foto)

Fifth Hammer (ciudad de Long Island)

KCBC (Bushwick)

Wild East Brewing Co (Gowanus)

Por Christopher Gandsy, *propietario, chef y maestro cervecero de Daleview Biscuits and Beer, en Prospect Lefferts Gardens, @biscuitsandbeer.*

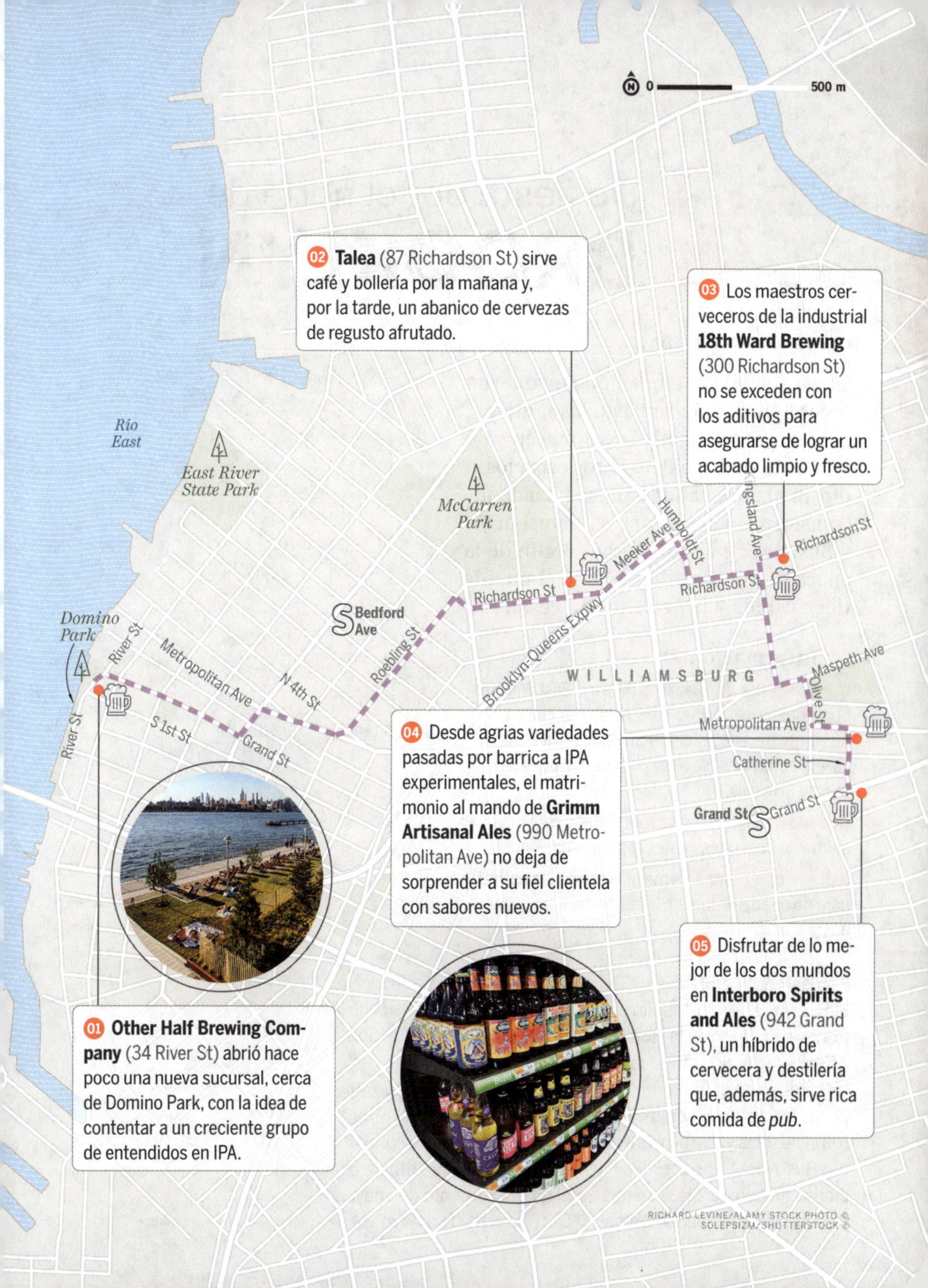

01 **Other Half Brewing Company** (34 River St) abrió hace poco una nueva sucursal, cerca de Domino Park, con la idea de contentar a un creciente grupo de entendidos en IPA.

02 **Talea** (87 Richardson St) sirve café y bollería por la mañana y, por la tarde, un abanico de cervezas de regusto afrutado.

03 Los maestros cerveceros de la industrial **18th Ward Brewing** (300 Richardson St) no se exceden con los aditivos para asegurarse de lograr un acabado limpio y fresco.

04 Desde agrias variedades pasadas por barrica a IPA experimentales, el matrimonio al mando de **Grimm Artisanal Ales** (990 Metropolitan Ave) no deja de sorprender a su fiel clientela con sabores nuevos.

05 Disfrutar de lo mejor de los dos mundos en **Interboro Spirits and Ales** (942 Grand St), un híbrido de cervecera y destilería que, además, sirve rica comida de *pub*.

RICHARD LEVINE/ALAMY STOCK PHOTO ©, SOLEPSIZM/SHUTTERSTOCK ©

23 De fiesta por el norte de BROOKLYN

CLUBES | BAILE | MÚSICA

Cuando la ciudad que no duerme quiere salir de fiesta hasta las tantas, pone rumbo a algún viejo almacén del norte de Brooklyn. Estos espacios otrora abandonados han propiciado la transformación de East Williamsburg y Bushwick en un moderno Berlín de la época de Weimar, donde todo el mundo tiene cabida y la fiesta nunca cesa.

Información

Cómo llegar y desplazarse Para ir a East Williamsburg/Bushwick, la línea L hasta las estaciones de Montrose Ave/Jefferson St, respectivamente. Vale la pena moverse a pie por la zona, pues hay mucho arte callejero.

Cuándo ir El fin de semana es cuando está más animada. Consúltese antes la programación.

Planear con tiempo Es mejor reservar las entradas para no quedarse fuera e ir temprano para evitar hacer cola.

Explosión de purpurina

El Burning Man y el Moulin Rouge se funden en la **House of Yes,** una antigua fábrica de hielo renacida como templo de las artes, que alberga eventos inclusivos y extravagantes (en Bushwick). Las actuaciones de equilibristas, magos y bailarines de cabaré marcan la pauta para una ecléctica parroquia que luce psicodélicas vestimentas en función de la temática.

Pasado cervecero Quizá sea difícil de imaginar mientras se baila en la descomunal pista del **3 Dollar Bill,** pero el emplazamiento del mayor club *queer* de Brooklyn era

Arriba dcha.: Elsewhere.
Abajo dcha.: Avant Gardner.

REUTERS/ALAMY STOCK PHOTO ©

ZACHARY MAZUR/GETTY IMAGES ©

House of Yes

Es básico ponerse algo que haga sentir feliz y fabuloso, ya sea algo cómodo o unos tremendos zapatos para bailar. Salir de marcha ha de tener un propósito: hay que marcarse un objetivo positivo. Y, por supuesto, se ha de aguantar hasta las 3.45, hora límite para pedir unas *pizzas*, cuando un personaje vestido con un traje de *pizza* anuncia el cierre con su baile alrededor del bar.

Por Kae Burke, *cofundadora y directora creativa de House of Yes, @kaeburke.*

antiguamente la fábrica de cerveza Otto Huber Brewery. Actualmente, este megacomplejo en East Williamsburg organiza fiestas, espectáculos de *drags*, mercadillos y veladas humorísticas.

Música 'indie' No hay nada como despedir al sol que cóctel en mano en algún bar de azotea de Bushwick para, luego, explorar **Elsewhere,** una antigua fábrica de muebles que hoy acoge actuaciones de música *indie*, fiestas *dance* y espectáculos de arte inmersivo.

El reino de la electrónica El palacio de 7500 m^2 de **Avant Gardner** ocupa una manzana entera con múltiples salas. En verano se abre un patio central conocido como Brooklyn Mirage, para bailar.

Sugerencias

NO TE PIERDAS...

Zonas verdes

Prospect Park

Los arquitectos de Central Park también diseñaron este exuberante espacio de 236 Ha que invita a pasear, montar en bici, hacer un pícnic o jugar. No hay que perderse los conciertos gratuitos del Bandshell, el *skate park* del LeFrak Center y su lago homónimo.

McCarren Park

Los fines de semana cálidos, este parque de 14 Ha, que une Williamsburg y Greenpoint, es el lugar perfecto para observar la vida, disfrutar de una barbacoa en familia o de un improvisado concierto acústico o de algún evento deportivo antes de zambullirse en su piscina pública.

Green-Wood Cemetery

Camposanto decimonónico premiado con 2 km de sinuosos senderos, mausoleos góticos y arrebatadoras vistas de Manhattan. Aquí yacen los restos de unos 600 000 neoyorquinos, entre ellos Leonard Bernstein y Jean-Michel Basquiat.

Festivales anuales

Afropunk Festival

Cada mes de agosto, este festival, en el que conviven varios géneros musicales, reúne en Commodore Barry Park a artistas de la talla de Janelle Monae y Big Freedia durante un fin de semana de conciertos, moda estrafalaria, mercados de artesanía y camionetas de comida.

Bushwick Collective Block Party

Reputados artistas urbanos pintan nuevos murales en paredes próximas a Troutman St y St Nicholas Ave los días previos a esta fantástica cita, en junio, cargada de arte, comida y actuaciones en vivo.

Dyker Heights Christmas Lights

Entre el Día de Acción de Gracias y Fin de Año no hay barrio que brille con la intensidad de Dyker Heights, una zona de viviendas unifamiliares espléndidamente iluminada con ostentosos motivos festivos.

Artes escénicas y museos

Brooklyn Academy of Music (BAM)

La BAM es el corazón cultural del Kings County: un amplio espacio donde se programan rompedoras funciones, espectáculos de danza, óperas clásicas y sesiones de cine independiente.

Brooklyn Museum

Próximo a Prospect Park, este museo de bellas artes, del s. XIX, se jacta de atesorar una colección integrada por más de 1,5 millones de piezas, que abarca desde momias egipcias a obras maestras del s. XXI.

New York Transit Museum

En una estación de metro de la década de 1930, repasa la historia de la red metropolitana y ofrece la posibilidad de subirse a trenes de época.

Café y dulces

Sey Coffee $

La decoración, alegre y minimalista, ayuda a destacar lo que verdaderamente importa en este microtostadero de Brooklyn: el café (exquisito). Aquí, una taza de *espresso* es comparable a una copa de buen vino.

Devoción $

El local en Williamsburg de esta cadena entre chic e industrial es genial para disfrutar de una taza de café colombiano recién preparada sentado en un cómodo sofá.

Fan-Fan Doughnuts $

Osada propuesta que cautiva con dónuts de sabores imposibles, como guayaba y queso, merengue de *yuzu* (un tipo de cítrico) o glaseado de *miso* y sidra.

Four and Twenty Blackbirds $

La sucursal más recomendable de este local especializado en tartas caseras es la de Prospect Heights, pues allí se podrá acompañar cualquiera de sus suculentas creaciones con un vino, una cerveza o un café extraído en frío.

Cocina internacional

Lilia $$$

Este antiguo taller mecánico es ahora un local de pastas en el que preparan deliciosos fideos hechos a mano. El anejo Lilia Caffé despacha café y dulces.

Xilonen $$

Cocina mexicana (en su mayoría, vegana) sensacionalmente ejecutada y presentada con visos artísticos. Lo mejor es pedir un cóctel, probar una tostada y relajarse en su estiloso espacio pensado para el *brunch* o la cena.

La Vara $$$

Tapas españolas de influencia judía y árabe, servidas en un íntimo comedor de ladrillo visto. No menos encantador es el café contiguo, lo mismo que el cercano Cobble Hill Park.

Bunna Cafe $$

En este acogedor establecimiento de Bushwick es obligado lavarse las manos antes de comer, pues se utilizarán para degustar sus generosas fuentes de clásicos etíopes acompañados de *injera*, el esponjoso pan plano típico de ese país.

Ursula $

Los más devotos amantes del picante hacen cola desde temprano para probar los burritos de desayuno al estilo de Nuevo México que sirven hasta las 12.00 (mi-do) en este vistoso café-panadería.

A&A Bake Doubles and Roti $

Este anodino local se ha labrado fama por sus auténticos tentempiés trinitenses, incluidos los *dobles:* dos masas fritas rellenas con garbanzos.

Bolero $$

Platos vietnamitas de estilo familiar, recién preparados, a caballo entre lo informal y la alta cocina. Elegante y contemporáneo, el concepto de *umami* lo invade todo.

Cócteles sofisticados

Elsa $$

Con reservados en forma de U, este bar de estilo *art déco* tienta con certeros cócteles y cerveza tirada desde una máquina de coser Singer. ¡Que nadie se vaya sin hacerse un selfi en los espejos del baño!

Maison Premiere $$

Ostras crudas y suficiente absenta como para iniciar una nueva era del impresionismo son los principales motivos para visitar este bar de época que no disimula su fascinación por Toulouse-Lautrec.

Mercados de moda

Artists and Fleas Williamsburg

Ropa *vintage*, joyería artesanal y relojes hechos con la cubierta de clásicos de la literatura son algunos de los artículos a la venta en este innovador mercado que solo abre los fines de semana.

Smorgasburg

Bazar gastronómico semanal con cuatro ubicaciones al aire libre repartidas por la ciudad. Se recomienda ir cualquier sábado al de Williamsburg, para probar las delicias preparadas por una docena de vendedores locales. Abierto de primavera a otoño.

Destapa en línea la historia del puente de Brooklyn

EAST VILLAGE Y LOWER EAST SIDE

CULTURA | ARTE | HISTORIA

Explora East Village y Lower East Side en línea

EAST VILLAGE Y LOWER EAST SIDE

Plan de viaje

IMPRESCINDIBLES Y JOYAS OCULTAS

East Village y Lower East Side son los barrios predilectos de la contracultura creativa local. Tanto si se busca una mítica sala de *rock,* una lectura de poesía, un museo singular, un inusual restaurante o incluso si apetece tatuarse, este es el barrio indicado.

Información

Lo mejor Una noche de copas, ir de museos, comer de maravilla, conocer el ambiente alternativo.

Cómo llegar Línea L, 6 o F hasta las estaciones de First Ave, Astor Place o Second Ave, respectivamente.

Cómo desplazarse A pie o en bici.

Consejo Houston ejerce de línea divisoria entre East Village y Lower East Side.

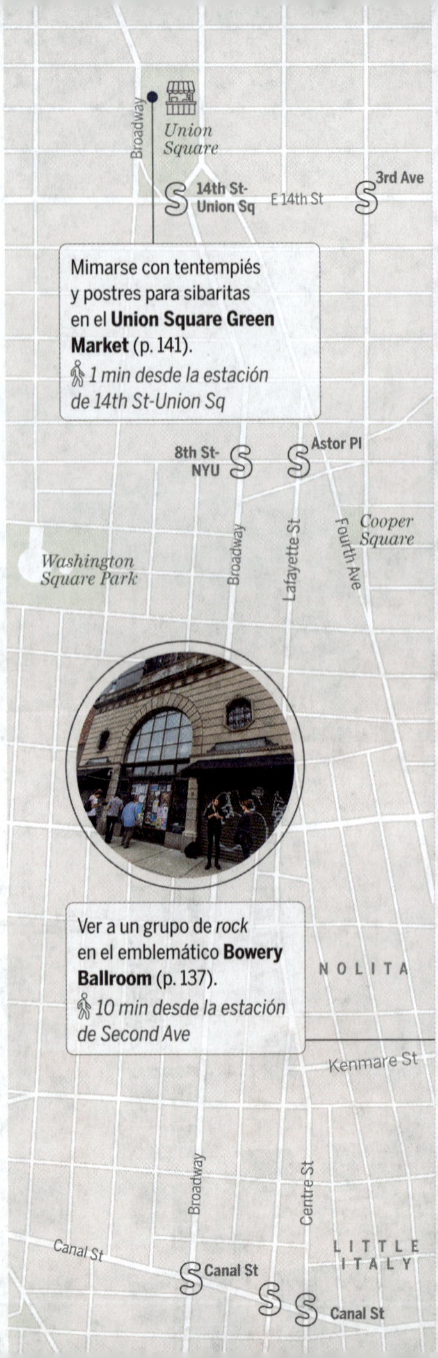

Repasar la fascinante historia del hampa en el **Museum of the American Gangster** (p. 143).
10 min desde la estación de Astor Place

Pasarlo en grande en una sesión de micro abierto o un *poetry slam* en el **Nuyorican Poets Cafe** (p. 144).
10 min desde la estación de Second Ave

Asistir a un concierto en la legendaria sala **Mercury Lounge** (p. 137).
10 min desde la estación de Second Ave

Devorar una montaña de insuperables tortitas en **Clinton Street Baking Company** (p. 141).
7 min desde la estación Second Ave

Descubrir la historia de la ciudad en el **Tenement Museum** (p. 143).
9 min desde la estación Delancey St/ Essex St

Moverse a ritmo de *punk-rock* en el icónico **Clockwork Bar** (p. 137).
7 min desde la estación Second Ave

24 'Punk-rock' en LA CIUDAD

CULTURA | HISTORIA | MÚSICA

El Annual Punk Rock Riot Reunion Show se celebra la primera semana de agosto en Tompkins Square Park en conmemoración de los disturbios de 1988 en protesta por el toque de queda decretado en todo el parque. Vecinos y foráneos se congregan para disfrutar de conciertos de las mejores bandas locales de *punk-rock*. Un evento en el que el East Village muestra su lado más auténtico y divertido.

ROBERT K. CHIN - STOREFRONTS/ALAMY STOCK PHOTO ©

Información

Cómo llegar Línea L hasta la estación de First Ave y tomar allí la salida a Ave A, a pocas manzanas de Tompkins Square Park.

Cuándo ir Los conciertos suelen programarse de 14.00 a 18.00 el primer sábado y domingo de agosto.

Qué llevar El calor y la humedad de agosto invitan a ponerse algo ligero; ¡hay que ir dispuesto a sudar!

Marcando tendencia Llevar un *look* estrafalario y divertido, con los tatuajes (quien tenga) a la vista y un corte de pelo rompedor. ¡Aquí, vale todo!

NA_STA/SHUTTERSTOCK ©

Arriba izda.: Arlene's Grocery.
Abajo izda.: Bowery Electric.

Salas de conciertos de East Village y Lower East Side

La música es el corazón y el alma de East Village y Lower East Side. Cuna del *punk-rock* y zona de excelentes garitos, el panorama musical del barrio es ineludible. Bowery, otrora hogar del legendario, y ya desaparecido, CBGB, se ha convertido en referente de una plétora de sensacionales salas de conciertos que reciben a los mejores artistas locales e internacionales. **Bowery Electric** (theboweryelectric.com) tiene dos plantas y el alcohol fluye a raudales prácticamente todas las noches. Los propietarios están decididos a mantener viva la llama de la música en directo en East Village y más allá. En **Bowery Ballroom** (mercuryeastpresents.com) también pueden verse grupos semanalmente, lo mismo que en su sala hermana, Mercury Lounge, a corta distancia a pie. Esta última ha servido de trampolín para bandas de éxito como The Strokes, Interpol o Yeah Yeah Yeahs, mientras que en Bowery Ballroom han actuado, entre otros, Patti Smith, Lou Reed y Kanye West.

Hoy ocupado por una tienda de ropa, el local del mítico **CBGB,** cuna del movimiento punk en Nueva York y donde los Ramones empezaron a despuntar en 1974, se encuentra en el nº 315 de Bowery St y es, sin duda, una parada obligada para nostálgicos y amantes de la música. La escena punk y *grunge* perdura en varios antros, como **Clockwork Bar** (con su promoción de cerveza más chupito por 5 US$), **Arlene's Grocery** y **Nurse Betty. Lucky,** gestionado exclusivamente por mujeres, también es una parada recomendable.

Irreverencia musical

Los organizadores del **Annual Punk Rock Riot** deleitan a los asistentes con siete conciertos por temporada en varios emplazamientos de East Village y otros barrios de la ciudad. Lo hacen por la gente. Llevan 33 años haciéndolo, desde la célebre revuelta en Tompkins Square Park, lo que lo convierte en una cita estival de gran tradición.

Lo mejor de la música punk en East Village es el sentido de comunidad que genera. Mantiene vivo el *punk-rock* de las décadas de 1970 y 1980. Entre los asistentes se ve a niños y adolescentes que se vuelven locos con la música, exactamente igual que nosotros cuando teníamos su edad, lo que contribuye a mantener la contracultura que floreció en East Village y Lower East Side antes de la llegada de la gentrificación.

Por Chris Flash, *activista, reportero y promotor de conciertos de 'punk-rock' en Tompkins Square Park y el Annual Punk Rock Riot Show.*

'Punk Is Not Dead'

EL PUNK SIGUE PEGANDO FUERTE EN UNA DE SUS CIUDADES DE ORIGEN

Ramones, el primer grupo punk de América, lo formaron en 1974 cuatro adolescentes neoyorquinos. Por entonces, en East Village se encontraba el famoso CBGB, el club donde se produjo su debut oficial sobre un escenario y con el que el barrio pasó a convertirse en un museo viviente de la historia del *punk-rock*.

ROLINDUST/GETTY IMAGES ©

De izda. a dcha.: letrero de Joey Ramone Pl, en East Village; la sala CBGB, en una imagen anterior a su cierre en el 2006; músico callejero en Central Park.

A comienzos de 1974, cuatro jóvenes de clase media nacidos en Queens formaron lo que a la postre sería oficialmente la primera banda de *punk-rock* de América: los Ramones. En su desesperado intento por alejarse de la música *hippie* y del recargado rock progresivo de las décadas de 1970 y 1980, la juventud neoyorquina empezó a mostrar su creciente inquietud. Tras alcanzar el cénit con el genio incomparable de Jimi Hendrix, la era de los prolongados solos de guitarra fue apagándose rápidamente. Fue entonces, en 1974, cuando el *punk-rock* hizo acto de presencia en la ciudad, trayendo consigo el emocionante y descarnado sonido *anti-establisment* que tanto necesitaba el mundo.

La primera actuación oficial del grupo tuvo lugar en los Performance Studios, seguido de un primer concierto en el CBGB, el local de Bowery, en East Village, llamado a alcanzar estatus de leyenda. Había nacido un nuevo mundo con su distintivo aspecto anti-*hippie*: pelo encrespado, ropas rasgadas, pantalones de cuero negros y botas desgastadas. No tardaría en crecer una escena punk en torno al CBGB, donde empezaron a actuar las formaciones y artistas más relevantes, incluidos Patti Smith, Suicide, Television y Blondie. Este nuevo sonido cosechó un éxito de tales proporciones que los Ramones terminarían dando 74 conciertos desde su primera actuación, en agosto de 1974, hasta finales de aquel año. Otros bares y clubes se subieron al tren, entre otros, locales míticos como el Fillmore East, en Second Ave, y el Café Au Go Go, en Bleecker St.

La juventud neoyorquina había aportado un enfoque completamente nuevo y original respecto a la creación

CORKY BUCZYK/SHUTTERSTOCK ©

CHRISTER DABU/SHUTTERSTOCK ©

de música. Aunque East Village y Lower East Side siempre habían sido cuna de la contracultura local, hacia finales de la década de 1970 era el *punk-rock* contra el mundo. Dee Dee Ramone acostumbraba a empezar cada canción contando atropelladamente, a gritos, del uno al cuatro, para luego dar paso a composiciones breves, aceradas y de una engañosa simplicidad, a menudo compuestas por solo tres acordes y unas letras irreverentes. Era el no va más. Los críticos de *rock* de entonces no eran capaces de procesar este fenómeno extraordinariamente novedoso, mucho menos describirlo. El movimiento estaba desarrollándose sobre el escenario en tiempo real: la magia del momento solo podía hallarse en los acordes y en sus composiciones. Cada noche era más efímera que la siguiente. La prensa especializada se esforzaba en vano por captar el espíritu de la época. Con cada actuación en Bowery, en East Village, algo nuevo cobraba vida y algo viejo moría. El movimiento se estaba desarrollando en paralelo al otro lado del charco, donde bandas británicas como los Clash y los Sex Pistols elevaron el sonido a cotas más altas. A finales de la década de 1970 y principios de la de 1980, el *punk-rock* era un movimiento global.

> Aunque East Village y Lower East Side siempre habían sido la cuna de la contracultura local, a finales de la década de 1970 era el *punk-rock* contra el mundo.

El mundo cambiaría para siempre después de que cuatro jóvenes de Queens, en su afán por ofrecer algo nuevo, dieran un concierto memorable en el mítico CBGB de East Village.

Capital de la música en directo

Nueva York es conocido por contar con algunas de las mejores salas de conciertos del mundo, así como un pujante panorama de bares con cientos de opciones de música en directo. Tanto si gusta el *rock*, la música clásica, el *jazz*, la electrónica, el *reggae* o los sonidos experimentales, hay lugar para todos. Ahora bien, si la pregunta es cuál es el mejor escenario, la respuesta está clara: ¡la calle! Algunos de los mejores músicos de orquesta formados en conservatorios reputados, como Juilliard School, Carnegie Hall o Lincoln Center, ofrecen actuaciones en Central Park o en algún otro rincón, por el mero hecho de compartir su arte con los demás.

25 Delicatesen, dónuts y COMER FUERA

COMIDA | CULTURA | MERCADOS

Nueva York es famoso por sus deliciosas tiendas de *bagels, delis,* eclécticos mercados, verdulerías y mucho más. East Village y Lower East Side, en concreto, reúnen algunas de las mejores charcuterías, tiendas y locales de *bagels* de la ciudad.

ROBERT K. CHIN - STOREFRONTS/ALAMY STOCK PHOTO ©

Información

Cómo llegar Línea F hasta la estación de Second Ave, o F/M, J/Z hasta la de Delancey St-Essex St.

Cuándo ir Primavera, verano y otoño son las mejores épocas.

Consejo El mejor momento para visitar establecimientos exitosos como Katz's Deli o Russ & Daughters es fuera de los horarios habituales, pues suele haber mucha afluencia de público.

ELEANOR LEE/SHUTTERSTOCK ©

Obsesión por los tentempiés

Tortitas, dónuts y dulces En Nueva York se camina mucho. Incluso al salir del metro, se suelen recorrer varias manzanas antes de llegar a destino. Captar a esos potenciales clientes hambrientos que salen del *subway* es la especialidad de los *delis* y panaderías locales. En ese breve trayecto desde el andén saldrán deliberadamente al paso del viajero decenas de locales estupendos para picar algo. Uno de los mejores es **Doughnut Plant,** en Lower East Side, con promociones habituales y opciones veganas y sin gluten. **Clinton Street Baking Company,** en Houston St, seduce con mil y un tipos de tortitas (muy recomendables las de limón y ricota); mientras que **Lower East Side Ice Cream Factory,** en el Essex Market, se lleva la palma cada verano.

'Bagels', sándwiches de 'pastrami' y salmón ahumado Si se prefiere algo salado, **Katz's Delicatessen,** un clásico fundado en 1888, sirve algunas de las especialidades judías más sabrosas de la ciudad. El plato estrella es el sándwich de *pastrami* en pan de centeno, seguido del *corned beef* y varias ensaladas de patata y huevo. Muy cerca, también en Houston St, se encuentra **Russ & Daughters,** un negocio familiar ya en su cuarta generación donde paladear unos *bagels* legendarios y una selección épica de ahumados. Ambos *delis* prometen una experiencia sublime.

Arriba izda.: Clinton Street Baking Company. **Abajo izda.:** dónuts de Doughnut Plant.

Union Square Green Market

En la esquina norte de Union Square Park se instala el mejor mercado al aire libre de frutas, verduras, flores, panes y productos de especialidad de todo Nueva York. Compuesto por apenas un puñado de productores en sus inicios, en 1976, es hoy mundialmente famoso y puede llegar a contar con más de 140 vendedores regionales y de temporada. Suele recibir una media de en torno a 60000 visitantes diarios, y siempre abundan tanto las demostraciones culinarias como las degustaciones y la música en vivo. Y, por si fuera poco, no es un mercado exclusivamente de fin de semana: también se monta los lunes y miércoles, cuando está menos abarrotado. **Food Book Fair** (foodbookfair.com) organiza sesiones de firma de libros los sábados, de mayo a noviembre.

26 MUSEOS sin parangón

ARTE | CULTURA | MUSEOS

Los museos de Nueva York gozan de reputación mundial por sus enormes colecciones y su alto nivel de excelencia. Aquellos menos conocidos de East Village y Lower East Side, aun manteniendo el mismo nivel de calidad, ofrecen una maravillosa experiencia poco convencional que nadie debería perderse.

ROBERT K. CHIN - STOREFRONTS/ALAMY STOCK PHOTO ©

Información

Cómo llegar Línea J/Z hasta la estación de Bowery.

Cuándo ir El Tenement Museum solo abre de jueves a martes.

Afluencia turística La larga temporada turística local a veces dura todo el año. En caso de duda, visítese entre semana, cuando el gentío es menor.

Qué llevar Calzado cómodo para caminar y por si llegara a apetecer apuntarse a un circuito a pie.

Precio Museum of the American Gangster (15 US$), Tenement Museum (30 US$), New Museum (18 US$).

LEWIS TSE PUJ LUNG/SHUTTERSTOCK ©

Arriba izda.: Tenement Museum.
Abajo izda.: New Museum.

Museos distintivos de Downtown

New Museum Esta joya de Bowery es el único museo de todo Nueva York dedicado por completo al arte contemporáneo. Fundado en 1977, se creó específicamente para brindar a artistas vanguardistas menos reconocidos las mismas oportunidades en cuanto a evaluación crítica y visibilidad que a artistas consolidados. Una experiencia asombrosa.

Tenement Museum A diferencia de la mayor parte de los museos que contienen obras de los grandes maestros o fantásticas instalaciones contemporáneas, este espacio está lleno de recuerdos que narran los increíbles relatos de gente normal que lleva vidas reales en Nueva York como estadounidenses de primera generación. Una bobina de hilo y unas tijeras de la década de 1800 cuentan la historia de una costurera en Little Italy, mientras que una baraja de cartas y una serie de fotografías en blanco y negro de la Gran Depresión explican las vicisitudes de cuatro generaciones de una misma familia de Lower East Side. En pocas palabras, oro puro.

Museum of the American Gangster Situado en St Mark's Place, en East Village, este microscópico museo de apenas dos salas emplazadas en un antiguo bar clandestino es la sensación del momento. Sus colecciones esbozan la historia del hampa en Nueva York y detallan cómo se forjó su mito y recuerdo. Las fotografías, dibujos y demás reliquias expuestos pertenecieron a los gánsteres más célebres del país.

Gastronomía, a mano

Tras una larga jornada de museos, lo suyo es picar algo en algún local, bar de vinos o restaurante cercano. El Tenement Museum está muy oportunamente ubicado en Lower East Side, y baluartes locales como Katz's Deli o Clinton Street Baking Company, quedan a un paso. El New Museum está a tiro de piedra de **Lombardi's** (Spring St), la pizzería más antigua de EE UU; mientras que el Museum of the American Gangster se halla muy cerca de Lucky (Ave B), donde sirven cerveza y picoteo.

Por Amanda Dell, *directora del programa Jewish Food Society y presentadora del podcast Schmaltzy, @amanda_dell.*

27 Cómo aprovechar UN BUEN DÍA

MUSEOS | MÚSICA | CULTURA

Un día perfecto en East Village y Lower East Side podría definirse como un palpitante torbellino imposible de olvidar. Tanto si se decide dar un paseo por el animado parque del barrio como si se prueban los *bagels* de su mejor *deli* o se disfruta de un fantástico concierto de alguna banda local, esta zona promete una experiencia única.

NIELSKLIM/SHUTTERSTOCK ©

Sesiones de micro abierto

Estas veladas, en las que se puede deleitar a los asistentes recitando un poema, interpretando un tema o haciendo un monólogo, son muy populares y fáciles de encontrar.

Nuyorican Poets Cafe (nuyorican.org)

Bowery Poetry Club (bowerypoetry.com)

Otto's Shrunken Head (ottosshrunkenhead.com)

Parkside Lounge (parksidelounge.nyc)

KGB Bar (kgbbar.com)

Información

Cómo llegar Línea L/F hasta la estación de 14th St/Second Ave y, luego, caminar hasta las A y B Ave.

Cuándo ir Las sesiones de micro abierto suelen ser entre semana. Consúltense las webs.

Creatividad En un *open-mike* cualquiera puede subirse al escenario. ¡A los primerizos se les arropa especialmente!

Calles imprescindibles 8th St se conoce como St Mark's Place entre las Second y Third Ave.

01 **Clinton Street Baking Company,** donde según dicen preparan las mejores tortitas de la ciudad; en pleno centro, entre East Village y Lower East Side.

02 Reconocido mundialmente, **Katz's Delicatessen** es famoso por sus mastodónticos sándwiches de *pastrami*, exquisitos *bagels* y delicioso surtido de ahumados.

03 De visita obligada, el céntrico **Tenement Museum** desvela el contexto histórico local y ofrece excelentes circuitos por Lower East Side.

04 **Tompkins Square Park** (p. ant.) es la joya de la corona, principal punto de encuentro de East Village.

05 **Arlene's Grocery,** todo un clásico de Downtown, un versátil bar en el que tocan grupos de *rock 'n' roll*.

Sugerencias

NO TE PIERDAS...

Café y cócteles

Ninth Street Espresso $

Siempre en primera línea, esta incombustible cafetería de barrio tiene dos sucursales: la original, en el cruce de 9th St con Ave C, y la otra, en 10th St, entre A y B Ave.

Mud Coffee $

Muy querido por los lugareños, sus *espressos* no admiten réplica. Cuenta con un encantador jardín trasero y, en la parte frontal, un tentador sofá.

Saltwater Coffee $

Este pedacito de Australia se jacta de servir uno de los mejores *espressos* y repostería del barrio. Pruébese el *latte* con cúrcuma.

Kona Coffee and Company $

Excelente propuesta que destaca por sus *espressos* bien cargados y sugerente ambiente hawaiano. Muy recomendable el *latte* con hielo al estilo hawaiano.

Amor y Amargo $$$

La única coctelería de EE UU dedicada en exclusiva a los *bitters*. El italiano *amari* es uno de los mejores.

p.d.t. $$

A este *speakeasy* se accede exclusivamente por una misteriosa cabina telefónica situada en el local de *hot dogs* adyacente. Al otro lado aguarda una sala oscura con tragos impecables.

Garret East $$

Hermoso bar con una decoración acorde a la calidad de sus imponentes cócteles. Genial para despedir la noche o tomar algo después de cenar.

Death & Company $$

Pese a su inquietante nombre, este bar es una divertida y sencilla apuesta con deliciosos cócteles elaborados a partir de excelentes ingredientes. Gustará cualquier trago que lleve vodka o *whisky*.

Comida para llevar

Mamoun's $

El *falafel*, tanto en sándwiches como al plato, es el protagonista de este local en cuya carta abundan los nombres curiosos.

Two Hands Corn Dogs $

Desmarcándose de los tradicionales *hot dogs* patrios, en este pequeño establecimiento sirven una deliciosa variedad coreana (bautizada como *corndog*) de sabores picantes, incluida una rica mayonesa de chipotle.

Confectionary! $$

Innovador oasis de los *macarons*, ideal para atreverse con sabores nada convencionales, como té Earl Grey, merengue de limón o tarta de cumpleaños.

WARREN EISENBERG/SHUTTERSTOCK ©

Mamoun's.

LeVain Bakery $

En la ajetreada Lafayette St se encuentra esta popular panadería lanzada al estrellato por sus *cookies*. La mejor es la de chocolate negro y mantequilla de cacahuete.

Ippudo $$

Minimalista y estiloso restaurante japonés con un *ramen* de aúpa. Cada tanto, el personal recibe a voces a nuevos comensales.

Tompkins Square Bagels $

Mítico local de barrio que borda los *bagels:* firmes y crujientes por fuera, blandos por dentro. De relleno, queso o salmón ahumado.

Black Seed Bagels $

Bagels rellenos de cualquier ingrediente imaginable; lo que normalmente iría en un sándwich, se le puede añadir a un *bagel*.

Bares de vinos

Ruffian $$$

Bar con una amplísima y deliciosa selección de vinos, incluidos brisados, naturales y georgianos.

Corkbuzz $$$

La sucursal de este magnífico bar de vinos en East Village acoge con un ambiente embriagador, una iluminación impecable y un personal entendido.

Gnocco $$

Encantador pequeño establecimiento con caldos de bodegas cuidadosamente seleccionadas. Tanto los vinos como la comida, procedentes de Emilia-Romaña, son una delicia.

Ten Bells $$

Local predilecto de Lower East Side, con inclinación por los vinos aromáticos ecológicos, las ostras y otras ricas creaciones.

Lena $$

De ambiente rústico y elegante por igual, funciona tanto de bar de vinos clásico como

ROBERT K. CHIN - STOREFRONTS/ALAMY STOCK PHOTO ©

Tompkins Square Bagels.

de restaurante, con una carta con inclinación a lo francés.

Bibi Wine Bar $$

Relajado e informal bar de vinos que seduce con un amplio abanico de comida y bebidas de primera.

Antler $$

Íntimo y sencillo bar de vinos de Lower East Side, que ofrece una buena selección de cervezas y platillos.

Tiendas de segunda mano

Cure Thrift Store

Imprescindible para cualquiera que busque buena ropa a buen precio y para una buena causa: los beneficios se destinan a un programa de investigación de la diabetes en jóvenes y a actividades de apoyo.

Housing Works

Conocida en toda la ciudad por sus excelentes prendas de segunda mano y muebles de ocasión, cada tanto se encuentran artículos únicos. Altamente recomendable.

Explora en línea qué hacer en el animado Lower East Side

28 Visita a la antigua catedral de LITTLE ITALY

CULTURA | ARTE | CATEDRAL

La vieja catedral de St Patrick, en Little Italy, es la más antigua de Nueva York, además de su única basílica. Este hermoso circuito, apenas conocido, explora las catacumbas situadas bajo Little Italy, así como partes de la iglesia y su historia, de acceso restringido para el público general.

MASSIMILIANO BROGGI/ALAMY STOCK PHOTO ©

Información

Cuándo ir Si bien el circuito puede realizarse en cualquier época, es preferible ir en primavera, verano u otoño para recorrer a pie el barrio.

Cómo llegar Líneas 6 o B/D hasta la estación de Bleecker St o de Grand St, respectivamente.

Cómo desplazarse A pie.

Los reyes del 'gelato' Además de buenos restaurantes italianos, Little Italy tiene excelente *gelato*.

DAN HERRICK/LONELY PLANET ©

ED ROONEY/ALAMY STOCK PHOTO ©

Pág. anterior arriba: interior de la vieja catedral de St Patrick. **Arriba dcha.:** exterior de la vieja catedral de St Patrick. **Pág. anterior abajo:** Lombardi's.

La 'otra' catedral de St Patrick

Prácticamente todo el mundo que visita Nueva York sabe de la existencia de la catedral de St Patrick, el bello templo ubicado en la esquina de Fifth Ave con 51st St, al que cada año se acercan cientos de miles de lugareños y turistas. No obstante, en Little Italy, en pleno Downtown, se encuentra otra catedral, más pequeña y antigua, que en tiempos fue la original de la archidiócesis de Nueva York. Se erigió hace más de 200 años en el corazón del barrio, en el cruce de Mott St y Prince St, y sigue siendo su construcción central. Conocida por los vecinos como "la vieja St Pat's", esta catedral fue el faro que guiaba en los momentos difíciles a la entonces necesitada población irlandesa que emigró al país en el s. XIX.

Existe un detallado circuito que permite descubrir su rica historia a través de sus catacumbas subterráneas. En él se recorren diferentes épocas de la historia de la ciudad y, particularmente, de la iglesia. Esta ruta por el subsuelo se realiza a la luz de las velas, lo que aporta un toque de misterio y encanto. Los guías son de lo mejor y los grupos, reducidos.

Visítese también el cercano Museum of Chinese in the Americas, en Centre St.

Little Italy de un vistazo

Little Italy acoge cada año, en otoño, el **Festival de San Gennaro,** una alegre celebración en la que la comida, las actividades y las baratijas inundan las calles. Se puede dar un paseo por Lafayette St y, luego, cenar en **Ruby Rosa** o **Gelso & Grand.**

La segunda sucursal de la **MoMA Design Store** está en la zona, en Spring St. Y a los amantes de la *pizza* les encantará **Lombardi's,** oficialmente la pizzería más antigua de EE UU (1905), de cuyo horno salen unas *pizzas* perfectas.

Por Keili FitzGerald, *fotógrafa profesional y artista, @KeiliFitzGerald.*

UPPER EAST SIDE

MUSEOS | RESTAURANTES | TIENDAS

Explora Upper East Side en línea

UPPER EAST SIDE
Plan de viaje

IMPRESCINDIBLES Y JOYAS OCULTAS

Conocido por albergar algunos de los residentes más acaudalados de la ciudad, Upper East Side suele ser telón de fondo de series y películas sobre tan privilegiada población. Pero aquí hay mucho más que propiedades de precio estratosférico. En este pintoresco barrio no escasean las *boutiques*, los restaurantes de nivel y las galerías de arte, y todo a un paso de Central Park.

Información

Lo mejor Visitas vespertinas a museos, galerías de arte y tiendas.

Cómo llegar Líneas 6/5/4 o N/R/Q que siguen Lexington Ave o Second Ave, respectivamente. Buses con parada en las calles 96, 86 o 72.

Cómo desplazarse A pie.

Consejo Muchos comercios de las zonas residenciales de Uptown (desde 86th St) cierran a las 20.00.

0
500 m
E 92nd St
E 91st St
Ir a la **Milla de los Museos** (p. 154) y visitar el Guggenheim Museum.
12 min desde la estación de 86th St
5 Av
91 St
Museum Mile
E 88th St
E 87th St
YORKVILLE
86th St
E 86th St
86th St
E 85th St
Empezar la noche con un trago en el **Ryan's Daughter** (p. 163).
7 min desde la estación de 86th St
Almorzar en **Lexington Candy Shop** (p. 158), inspirada en la década de 1950.
5 min desde la estación de 86th St
Park Ave
Lexington Ave
First Ave
York Ave
East End Ave
Río East
Tomarse una cerveza mientras se asiste a un concierto en **American Trash** (p. 163).
17 min desde la estación de 72nd St
AMERICAN
Bar
Third Ave
E 79th St
Second Ave
77th St
E 77th St
E 76th St
UPPER EAST SIDE
E 75th St
E 74th St
Franklin D Roosevelt Dr
Aplacar el ansia consumista en **Ralph Lauren** (p. 164).
7 min desde la estación de 68th St-Hunter College
E 72nd St
E 71st St
72nd St
Probar una tabla de cervezas artesanas en el **Pony Bar** (p. 163) acompañada de sus famosas alitas.
13 min desde la estación de 72nd St

29 LO MEJOR DE la Milla de los Museos

MUSEOS | COMER FUERA | ARQUITECTURA

Tanto el Met como el Guggenheim atraen cada año a miles de personas a Upper East Side. Además de estas instituciones, existen colecciones privadas de arte y museos más pequeños dedicados a artistas renacentistas y contemporáneos, a las que se suman mansiones restauradas como preciosas galerías.

WANGKUN JIA/SHUTTERSTOCK ©

Información

Cómo llegar Línea 6 hasta la estación de 86th St, en Lexington. Desde allí, caminar hacia Fifth AVe y Central Park o tomar el bus M86.

Cuándo ir Para evitar el gentío, mejor visitar las galerías antes de las 13.00, máxime entre semana (días lectivos). Los horarios pueden consultarse en línea.

De paseo por el parque Las galerías quedan a un corto paseo de Central Park.

Entrada gratis Casi ninguna galería cobra entrada, aunque se agradece un donativo.

VIVIAN CHEN/ALAMY STOCK PHOTO ©

El arte en residencias históricas

Al llegar a la altura de 86th St tras recorrer Lexington Ave desde la estación, se ve la antigua mansión que aloja la **Neue Galerie.** En este refinado edificio erigido en 1914 aguarda una valiosísima colección de arte alemán y austríaco. La vivienda de dos plantas alberga pinturas de Dagobert Peche y joyería fina de Josef Hoffman. La estrella es *La dama de oro,* de Gustav Klimt.

OSUGI/SHUTTERSTOCK ©

Entre lo moderno y lo tradicional

Más cerca del Met, en 82nd St, se halla la **Tambaran Gallery,** donde podrá aplaudirse la obra de artistas contemporáneos de origen africano, asiático e indígena. La siguiente parada son las **Bonner David Galleries,** con cuadros y esculturas de artistas contemporáneos como Gail Morris

Edificios asombrosos

Buena parte de la arquitectura que se apreciará por la Milla de los Museos es en sí una obra de arte, muy especialmente el **Guggenheim.** El **Jewish Museum,** diseñado por C. P. H. Gilbert, luce un opulento estilo neogótico. Otra estructura notable es el **Cooper Hewitt, Smithsonian Design Museum,** de ladrillo rojo y piedra caliza, con vidrieras de Tiffany.

Arriba izda.: Neue Galerie. **Arriba dcha.:** Cooper Hewitt, Smithsonian Design Museum. **Izda.:** Jewish Museum.

y Milt Kobayashi; complementan la muestra obras abstractas y una pequeña colección de artistas más tradicionales, con Luis Giatti a la cabeza. La **Sundaram Tagore Gallery,** en Madison Ave, próxima a 82nd St, se diferencia por su enfoque en el arte oriental con influencias globales, unido a sus incomparables instalaciones e imaginería. La ruta llega a su fin en el nº 20 de 79th St, sede de la **Skarstedt Gallery,** cuya colección consta de obras poco conocidas de nombres famosos como Andy Warhol y KAWS; es un lugar fantástico para los entusiastas del arte.

Almorzar con estilo

El barrio no anda escaso de restaurantes. Para un almuerzo por todo lo alto, se recomienda probar la formidable selección de vinos y el delicioso surtido de pastas frescas de **Sistina.** Si el tiempo acompaña

Frick Madison

Esta espléndida colección de arte abarca desde el Renacimiento hasta el s. xx. Los adultos pagan 22 US$; los estudiantes se benefician de un descuento presentando un documento identificativo. Los jueves de 16.00 a 18.00 solo se paga la voluntad. Muestra una amplia gama de esculturas, cerámica y cuadros de grandes maestros como Rembrandt, Jean-Honoré Fragonard y J. M. W. Turner. Arriba hay un café donde se puede tomar un refrigerio antes de reanudar la marcha.

Por Alfred Pommer, *propietario de NYC Cultural Walking Tours (circuitos especializados en historia y monumentos).*

Izda.: Frick Madison. **Abajo:** Sistina.

es agradable sentarse al fresco, aunque su interior, con molduras y arte en las paredes, no defrauda. **Caravaggio** es otro lujoso local italiano, ideal para contemplar el trasiego. Recuérdese que muchos de estos exclusivos restaurantes cierran de 15.00 a 17.00.

Retroceder en el tiempo en la Lexington Candy Shop

LA CAFETERÍA FAMILIAR MÁS ANTIGUA DE NUEVA YORK

En Nueva York no faltan opciones de alta cocina, y estas se concentran especialmente en el exclusivo barrio de Upper East Side. Uno de los establecimientos que destaca es la Lexington Candy Shop, lugar de referencia y cafetería familiar más antigua de la ciudad, la última de su clase.

DANA GIVENS ©

Orígenes

Tras su apertura en 1925 de la mano de Soterios Philis y Tami Naskos, la Lexington Candy Shop se convirtió en un punto de encuentro durante la Gran Depresión. El afamado establecimiento se ha esforzado por preservar su encanto a lo largo de los años, hasta el punto de que hoy se tiene la sensación de viajar en el tiempo al probar sus hamburguesas caseras y batidos preparados a la vieja usanza. Aún la regentan los descendientes del dueño original, quienes honran a diario su compromiso con la cocina casera estadounidense.

De tienda de dulces a cafetería

En sus inicios, la tienda recibió su nombre por los dulces caseros que despachaba, los cuales enseguida causaron furor entre los vecinos, lo mismo que su máquina de refrescos. Los bombones se elaboraron en el sótano hasta 1948, cuando la familia decidió convertir la tienda en una cafetería en toda regla. Su destacada ubicación en una esquina era perfecta para atraer clientes.

Hoy ejerce de punto de encuentro de residentes y foráneos ávidos de embarcarse en una experiencia culinaria retro. Su personal, como la propia cafetería, lleva décadas capeando las fluctuantes modas de la escena epicúrea neoyorquina manteniéndose fieles a la tradición.

Arriba: imágenes de Lexington Candy Shop.

DANA GIVENS ©

ELIZABETH HOLMES/ALAMY STOCK PHOTO ©

Momentos de gloria

Bajo su letrero de neón se encuentra el mítico ventanal repleto de botellas de Coca-Cola y otros detalles, como fotos de estrellas del *rock* y de humoristas célebres a los que la cafetería ha alimentado a lo largo de los años. También se ha dado a conocer por aparecer en anuncios, programas de televisión e incluso películas, como *Los tres días del cóndor, Aprendiz de gigoló* o *El diario de la niñera*.

Su personal, como la propia cafetería, lleva décadas capeando las fluctuantes modas de la escena epicúrea neoyorquina manteniéndose fieles a la tradición.

La tradición por bandera

En línea con la filosofía de su tercera generación de propietarios, la carta, técnicas e ingredientes se asemejan a los que ya existían en sus inicios a principios de la década de 1900. Los zumos siguen exprimiéndose en el momento, las hamburguesas son un clásico ajeno al paso del tiempo, y las recetas se mantienen intactas. Incluso la Coca-Cola se elabora artesanalmente, con sirope fresco. Es el único lugar de su estilo que perdura en la actualidad: despachando desayunos, almuerzos y dulces tentaciones como batidos hasta su cierre, a las 18.00, justo antes de la hora de la cena. En su pequeño local situado en una esquina hay únicamente unos pocos íntimos reservados y un entrañable mostrador.

Dulce satisfacción

Aunque hayan dejado de servir dulces, los más golosos adorarán sus famosas copas de helado. Los batidos se preparan con una batidora estilo años cuarenta e incluyen los cuatro sabores clásicos: vainilla, chocolate, fresa y café. Junto al mostrador hay una pequeña selección de dulces, como *lokum* turco; detrás pueden verse las varillas y utensilios que se utilizaban para su preparación en 1940. Esa es la esencia de la Lexington Candy Shop: un encantador espacio en el que disfrutar del pasado.

30 Una tarde por UPPER EAST SIDE

TIENDAS | RESTAURANTES | ARTE

Populares series de televisión como *Gossip Girl* muestran la supuesta vida de las familias ricas de este elitista barrio. No en vano, hay quienes planifican rutas por las localizaciones de producciones televisivas, que incluyen avenidas famosas, glamurosos escaparates y tiendas de lujo, tras los pasos de los protagonistas de dichas series.

Ver tiendas exclusivas

Para vivir fantasías de lujo en Upper East Side no siempre es preciso tener un presupuesto multimillonario: al pasear por Madison Ave no solo se verán los escaparates de las tiendas de postín, como Christian Louboutin, sino también lugares popularizados por series, películas y libros.

Información

Cómo llegar Línea N/R/Q hasta la estación de 72nd St y luego, bus M72 hasta la Fifth Ave o Madison Ave.

Cuándo ir Hacia mediodía para tener tiempo suficiente antes de la hora punta (16.00).

Vestirse para impresionar Ponerse las mejores galas para hacerse fotos en las tiendas y, de paso, mezclarse con la gente a la última.

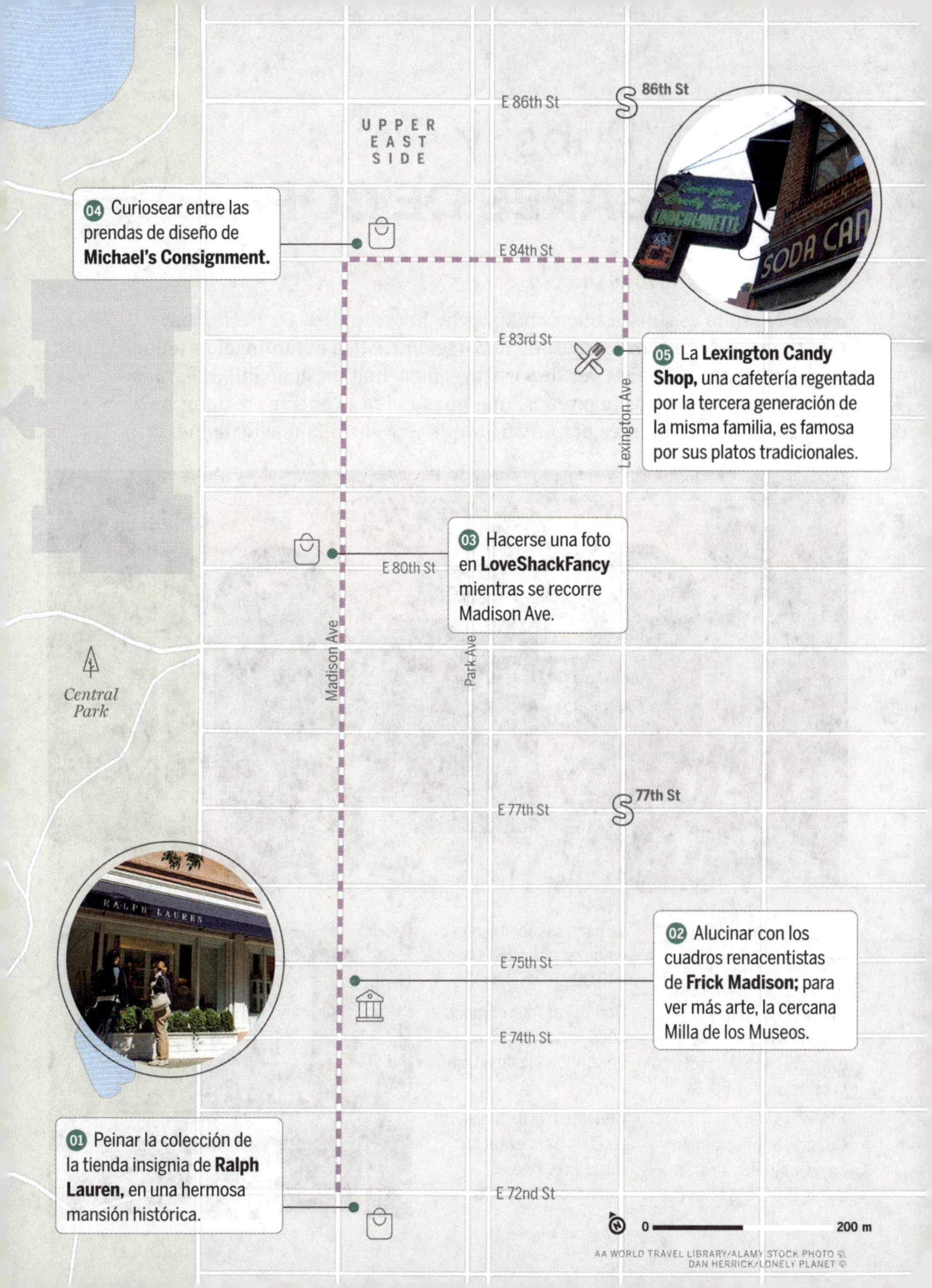

01 Peinar la colección de la tienda insignia de **Ralph Lauren,** en una hermosa mansión histórica.

02 Alucinar con los cuadros renacentistas de **Frick Madison;** para ver más arte, la cercana Milla de los Museos.

03 Hacerse una foto en **LoveShackFancy** mientras se recorre Madison Ave.

04 Curiosear entre las prendas de diseño de **Michael's Consignment.**

05 La **Lexington Candy Shop,** una cafetería regentada por la tercera generación de la misma familia, es famosa por sus platos tradicionales.

31 'Pubs' y BARES DE COPAS

BEBIDAS | VIDA NOCTURNA | OCIO

No todo es sofisticación en la noche neoyorquina. De hecho, hay montones de bares sin alardes, de decoración rústica e iluminación tenue, con alguna pantalla para ver deportes y, quizá, una mesa de billar. Para ver cómo se relajan los lugareños, una buena idea es entrar en algún *pub* y codearse con residentes para disfrutar de una sencilla noche de juerga.

ROBERT K. CHIN · STOREFRONTS/ALAMY STOCK PHOTO ©

Información

Cómo llegar El grueso de los bares se concentra más allá de Third y Second Ave. Hay que tomar la línea Q hasta la estación de 86th St y seguir a pie.

Cuándo ir Entre semana hay *happy hour* a partir de las 17.00. Los fines de semana se recomienda empezar entre 18.00 y 19.00.

Qué llevar Algo cómodo, pues seguramente se irá caminando de un bar a otro.

Consejo Llevar suficiente efectivo para evitar las tasas y recargos de los cajeros automáticos.

ROBERT K. CHIN · STOREFRONTS/ALAMY STOCK PHOTO ©

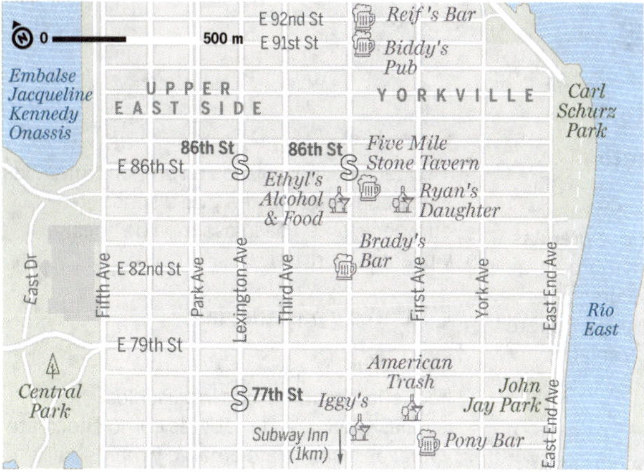

Locales informales

Los *pubs* y bares abundan en Yorkville, en Upper East Side, en particular en First y Second Ave. En 86th St hay dos bares de barrio con mucho tirón. El primero es la **Five Mile Stone Tavern,** con patio y un ambiente a la antigua; ofrece promociones semanales y una carta de cervezas tanto importadas como nacionales.

Por First Ave se encontrará el **Ryan's Daughter,** un informal bar de barrio, fundado en 1979, que atrae a una ecléctica parroquia.

En dirección a 96th St aguardan más opciones, entre ellas el **Biddy's Pub** (con diana para jugar a los dardos) y el **Brady's Bar** (de ambiente relajado y festivo). Si la noche acompaña, se puede proseguir hasta el **Reif's Bar,** en 92nd St, y tomar asiento en su agradable patio. En sentido contrario se halla el **Pony Bar,** con la mejor selección cervecera de la zona y un ambiente animado. Para concluir, se puede ir al **American Trash,** donde suelen tocar grupos.

Arriba izda.: Ethyl's Alcohol & Food.
Abajo izda.: Subway Inn.

Karaokes y bares temáticos

Las noches de karaoke y sus tentadoras *happy hours* (19.00-4.00) hacen del **Iggy's** uno de los mejores bares de toda la ciudad. El **Subway Inn,** pujante desde 1937, es otro ilustre local conocido por su cerveza barata. A los más nostálgicos les fascinará el **Ethyl's Alcohol & Food,** un bar de temática setentera que invita a disfrutar de unos cócteles mientras suena alguna banda en directo (consúltese la programación).

Sugerencias

NO TE PIERDAS...

'Boutiques' del momento

LoveShackFancy

En plena Madison Ave, con floridas prendas estampadas para mujer. Hay un muro en la calle contigua perfecto para hacerse unas fotos tras las compras. Confeccionan, sobre todo, diseños primaverales y veraniegos.

Alexis Bittar

Siempre abarrotado de clientes en busca de joyas, la mayoría de sus artículos están hechos de metales preciosos y de cristal de Swarovski.

Mixology

La tienda de Manhattan de esta cadena de Long Island es un edén de las prendas de diseñadores famosos, en buena medida marcas de *fast-fashion* comparables a H&M o Forever 21.

Yumi Kim

Diseñadora local de ropa para mujer relajada e informal en un espacio decorado con jaulas de pájaro y papel pintado con plumas de pavo real.

Ralph Lauren

A un corto paseo de Central Park se sitúa la deslumbrante tienda estrella de Ralph Lauren, en una antigua mansión.

DIGS

Popular establecimiento que apunta a un público femenino con exclusivas marcas europeas y diseños y accesorios de creación propia.

Bonne Nuit

Tiendecita especializada en prendas infantiles y de bebé de gama alta y de diseñadores europeos, amén de lujosa ropa de hogar y pijamas de mujer.

Cafés y panaderías

Levian Bakery $$

Pequeña panadería con irresistibles *cookies* y helados de sabores como chocolate y nueces o chocolate amargo y mantequilla de cacahuete.

Stella & Fly $$

Híbrido de café y bar de vinos indicado para una pausa a media tarde o una salida nocturna. Entre semana, hay *happy hour* de 12.00 a 20.00, y a veces actúan grupos.

Orwashers Bakery $$

Fundada por una familia húngara en 1916, conquista con sus panes, dónuts, bombones y *bagels* recién horneados.

Camisas Ralph Lauren.

By the Way Bakery $$

Establecimiento con solera que se enorgullece de servir un surtido de delicias clásicas, desde *cookies* a tartas.

Padoca Bakery $$

Famoso por sus panes de queso brasileños, es genial para tomarse un café acompañado de rica bollería.

Sweet Shop NYC $$

Local de postres estilo retro para relamerse con helados *gourmet* y dulces poco habituales.

Carta de almuerzo y vinos

Penrose $$

Sublime bar con maderaje y cócteles. Aunque no cierra hasta las 2.00, es mejor para almorzar o disfrutar del *brunch*. Amplia carta de vinos y licores.

Libertador $$

Parrilla argentina donde, además de exquisitas carnes, agasajan con una extensa carta de vinos de ese país. Pregúntese por los platos semanales.

Uva $$

Comida casera italiana en un acogedor restaurante con una impresionante oferta de vinos. Sirve cenas hasta las 2.00, perfecto tras una noche de fiesta.

Kaia $$

Apuntalado por vinos sudafricanos, este recoleto establecimiento, uno de los más singulares de la zona, ofrece platillos como ostras frescas y alas de pato.

Serena's Wine Bar $$

Acogedor bar con una extensa carta de vinos, amén de ensaladas y platos italianos.

ROBERT K. CHIN - STOREFRONTS/ALAMY STOCK PHOTO ©

Orwashers Bakery.

Tiendas 'vintage'

Encore

Polifacética tienda de segunda mano, en 84th St, donde surtirse de prendas *vintage* de diseño a precios entre 300 y 700 US$.

Michael's Consignment

Quienes busquen un par de Manolos o lujosos echarpes de seda encontrarán aquí una sensacional tienda tipo con artículos de diseño.

La Boutique Resale

Para perderse entre grandes nombres del mundo de la moda, desde Fendi a Moschino, pasando por Etro. Se hallará alguna prenda a precio razonable.

Descubre en línea el Guggenheim Museum, uno de los iconos arquitectónicos más importantes del mundo

HARLEM

RESTAURANTES | HISTORIA | ARTE

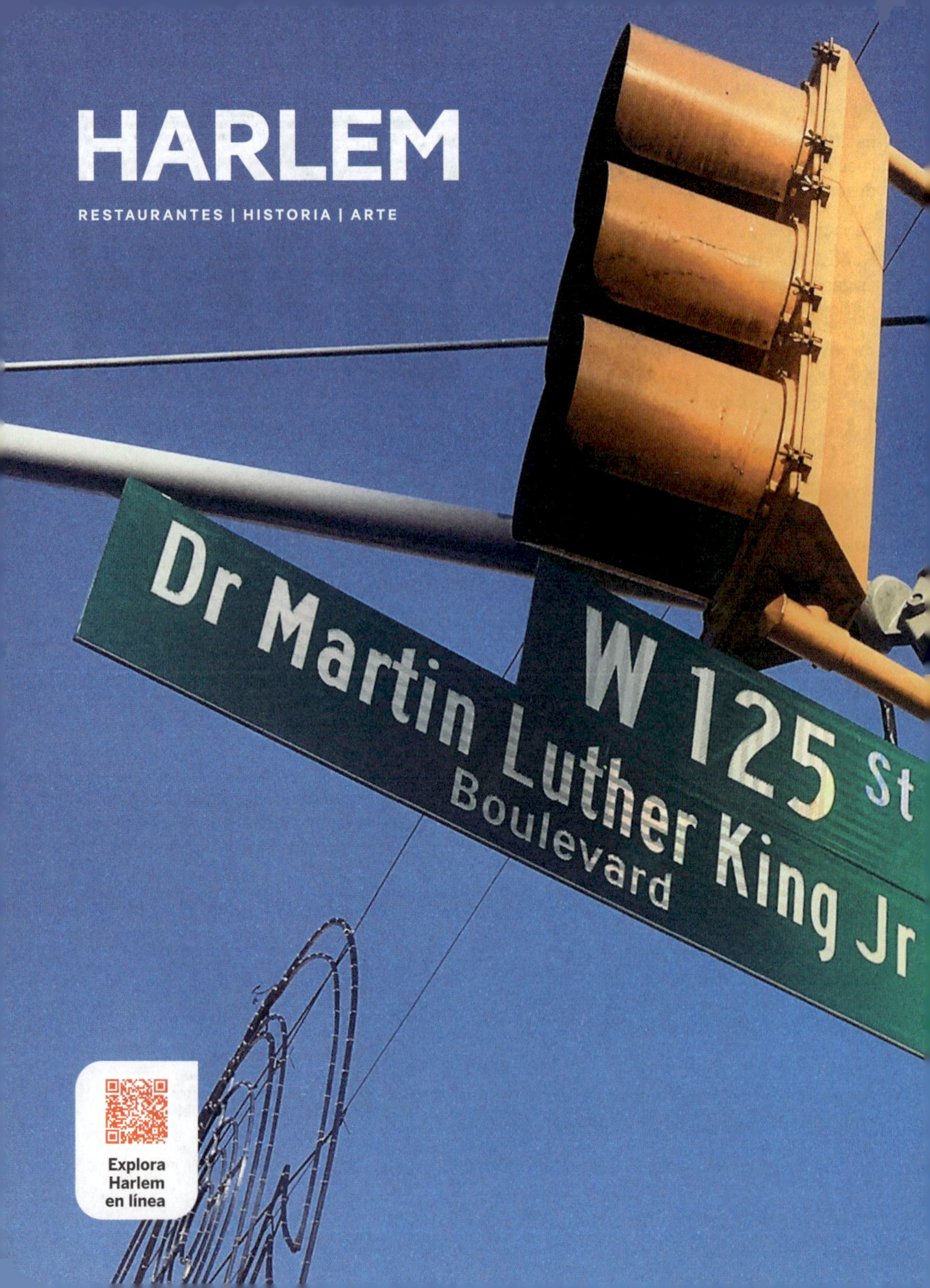

Explora Harlem en línea

Lenox Av
Malcolm X
Boulevard

HARLEM
Plan de viaje

IMPRESCINDIBLES Y JOYAS OCULTAS

Harlem es conocido por sus raíces afroamericanas, y es esa identidad cultural única lo que define su carácter. Tiene un ambiente más relajado, pues la zona sigue siendo en buena medida residencial, sin muchas opciones hoteleras. A Harlem se va a pasarlo bien, a disfrutar de su oferta de ocio, que incluye desde restaurantes a salas de música.

Información

Lo mejor *Happy hours,* buena música, precios accesibles.

Cómo llegar Los trenes 2/3 siguen Lenox Ave. Hay que tomar el bus en la estación de 116th St para ir a East Harlem.

Cómo desplazarse A pie. Lenox Ave aglutina casi todas las atracciones y restaurantes.

Consejo La mayoría de los establecimientos cierra entre 19.00 y 20.00.

Repasar los archivos del **Schomburg Center of Black Research** (p. 173).
1 min desde la estación de 35th St

Moverse al son de la música africana y caribeña en el **Shrine** (p. 179) con un *cocktail*.
7 min desde la estación de 135th St

Asistir a un espectáculo de música con cena en el **Ginny's Supper Club** (p. 179), bajo el Red Rooster.
3 min desde la estación de 125th St

Saborear auténtica cocina puertorriqueña en **Cuchifritos** (p. 171).
3 min desde la estación de 116th St

Probar platos senegaleses y somalíes en **Little Africa** (p. 174).
1 min desde la estación de 116th St

Dar una vuelta por el mercado de **La Marqueta** (p. 171) en busca de comida tradicional latina y caribeña.
6 min desde las estaciones de 110th St o 116th St

32 EL BARRIO desde dentro

MERCADOS | RESTAURANTES | CULTURA

El Spanish Harlem, también conocido como El Barrio, alberga un crisol de culturas, una diversidad que se refleja en los mercados locales y en las ricas y variadas cocinas que se podrán degustar: mexicana, puertorriqueña, dominicana...

RICHARD LEVINE/ALAMY STOCK PHOTO ©

Información

Cómo llegar Tren 6 hasta la estación de 116th St y seguir caminando.

Cuándo ir Hacia el mediodía o para aprovechar las *happy hours* y cenar temprano.

Idioma En los restaurantes más pequeños muchos de los empleados hablan español.

Consejo Abundan los vendedores callejeros; mejor llevar efectivo.

Comida latina para llevar

East Harlem se ha convertido en el hogar de una animada comunidad de inmigrantes latinos en su mayoría de ascendencia puertorriqueña, mexicana y dominicana, y esa diversidad se manifiesta en los restaurantes de la zona. La comunidad predominante es la puertorriqueña y, por ende, su cocina prevalece.

02 Probar los tacos y el ceviche de **La Chula** regados con la sangría de la casa o sus famosos margaritas. Cerca de la estación de metro de Lexington Ave.

05 El austero **Taco Mix** conquista con burritos, tortas y tacos clásicos servidos al gusto.

Lexington Ave
Third Ave
E 117th St
HARLEM
E 116th St (Luís Munoz Marin Blvd)
116th St
E 115th St
SPANISH HARLEM
Park Ave
Second Ave
E 112th St
E 111th St
110th St
E 110th St
UPPER EAST SIDE
0
200 m

01 La cultura puertorriqueña ejerce un gran influjo en el barrio, y en **Cuchifritos** se puede dar buena cuenta de su cocina tradicional.

03 Bajo un puente se encuentra **La Marqueta,** puntal de la cocina latinoamericana y caribeña amenizado cada tanto con actuaciones de músicos.

04 **Ricardo Steakhouse** atrae a los lugareños con sus *happy hours*, festivos *brunches* y cenas informales. Hay que ir temprano o reservar: se abarrota cuando hay sesiones de DJ.

Inicios literarios

LAS SEMILLAS DEL RENACIMIENTO DE HARLEM

Célebre por sus históricas raíces afroamericanas, Harlem fue hogar y fuente de inspiración de numerosos escritores, como Langston Hughes, Claude McKay, Ralph Ellison y Richard Wright, durante el Renacimiento de Harlem. Hoy, quienes visiten el barrio podrán ver dónde vivían y escribían algunos de sus talentos más aclamados.

De izda. a dcha.: casa de Langston Hughes, Harlem; Harlem YMCA; Schomburg Center of Black Research.

RAYMOND BOYD/MICHAEL OCHS ARCHIVES/GETTY IMAGES ©

Paseo por Harlem

Las artes están entretejidas con la historia de Harlem. Autores fecundos como Richard Wright y Langston Hughes han contribuido a acrecentar el rico legado de los artistas afroamericanos del barrio. El Renacimiento de Harlem, un movimiento intelectual que se desarrolló durante los prósperos años veinte, fue un período de suma creatividad entre los artistas residentes en el barrio. Muchas de aquellas figuras sentaron las bases de la literatura afroamericana, sirviendo de inspiración para algunos de los mayores literatos contemporáneos.

Langston Hughes

El poeta Langston Hughes, quien se mudó al barrio en la década de 1920 tras un breve paso por la Universidad de Columbia, fue una de las estrellas del Renacimiento de Harlem. En su autobiografía, *El inmenso mar* (1946), habla sobre el amor que profesa al barrio y su floreciente panorama artístico. Permaneció en la comunidad, afincado en un edificio de arenisca donde escribió casi todas sus obras hasta su muerte en 1967. Su casa aún se conserva, no lejos del Apollo Theatre y el restaurante Sylvia's.

En su biografía, Hughes recuerda lo mucho que a los artistas de la zona les gustaba reunirse en la casa de A'Lelia Walker, hija de C. J. Walker, una mujer de la alta sociedad muy dada a organizar veladas para la comunidad artística y social negra. El escritor y pintor Richard Bruce Nugent y el muralista e ilustrador Aaron Douglas eran habituales. El edificio alberga en la actualidad la **Countee Cullen Library,** que toma su nombre del afamado poeta (*Color;* 1925) y novelista del Renacimiento de Harlem.

MARTYN VICKERY/ALAMY STOCK PHOTO ©

RANDY DUCHAINE/ALAMY STOCK PHOTO ©

Casas de escritores famosos

Muchas de las célebres viviendas en las que residieron influyentes autores locales han sobrevivido. Un ejemplo es el edificio del **Harlem YMCA,** donde en tiempos vivieron los escritores Richard Wright (*Hijo nativo;* 1940. *Black Boy;* 1945), Ralph Ellison (*El hombre invisible;* 1952) y Claude McKay (*Home to Harlem;* 1928). Enfrente están los **James Weldon Johnson Residence Apartments,** donde residiera el desaparecido líder de la Asociación Nacional para el Progreso de las Personas de Color (NAACP, en sus siglas en inglés), entre 1925 y 1938, época en que publicó varias obras poéticas y estudios.

> El Renacimiento de Harlem, un movimiento intelectual que se desarrolló durante los prósperos años veinte, fue un período de suma creatividad entre los artistas residentes en el barrio.

Historia visible

Harlem ofrece la crónica de los ilustres personajes que aquí vivieron ayudando a forjar la cultura que perdura hasta hoy. Basta dar un breve paseo por el ajetreado centro para profundizar en su rica historia artística y observar el impacto que ha tenido tanto en los lugareños como en los forasteros que hicieron de él su hogar.

Schomburg Center

Para saber más acerca del histórico Harlem, el Schomburg Center of Black Research contiene archivos con obras literarias y recuerdos de artistas y otras figuras que hayan tenido impacto en la cultura afroamericana. Antes de ser una biblioteca, este centro –así llamado por el escritor, historiador y activista afropuertorriqueño Arturo Schomburg– fue la sede del Federal Writers' Project de la WPA durante la Gran Depresión, para luego convertirse en el teatro que vio debutar a Sidney Poitier y Harry Belafonte.

33 Los atractivos de LITTLE AFRICA

COMIDA | RESTAURANTES | CULTURA

Little Africa es el eje de la diversa interacción de Harlem entre las culturas de África occidental y oriental. Desde sus tiendecitas a su mercado local, pasando por sus restaurantes, es imposible encontrar nada parecido en ninguna otra parte de la ciudad.

VESPASIAN/ALAMY STOCK PHOTO ©

Información

Cómo llegar Varias líneas de metro dan servicio al barrio, sito a un cómodo trayecto del centro. Se pueden tomar los trenes 2/3 hasta la estación de 116th St y, desde allí, caminar hacia el oeste cruzando varias avenidas.

Cuándo ir En muchos restaurantes pequeños se puede disfrutar de estupendos menús del día.

Consejo En los pequeños comercios y mercados se paga en efectivo.

RICHARD LEVINE/ALAMY STOCK PHOTO ©

Mercado al aire libre

Junto al restaurante MIST Harlem, el **Malcolm Shabazz Harlem Market** (abierto todo el año) es un espacio comercial al aire libre que cuenta con artículos de varios países africanos, desde bolsos y decoración para el hogar a productos de belleza como jabón negro o manteca de karité, ambos maravillosos para la piel y nada caros. Es el sitio ideal para llevarse un recuerdo de la visita a Little Africa. Muchos de los productos importados que aquí se venden son de gran calidad. Además, hay puestos de ropa.

LOTTIE DAVIES/LONELY PLANET ©

África occidental en Upper Manhattan

En un pequeño tramo de manzanas se concentra una considerable población de inmigrantes africanos, concretamente de África occidental, que han abierto muchos comercios para satisfacer a su incipiente comunidad, desde artículos importados difíciles de encontrar en otros sitios a restaurantes que ofrecen platos tradicionales.

Pág. anterior: Malcolm Shabazz Harlem Market.
Arriba dcha.: banderas de países africanos durante el desfile del Día de los Afroamericanos.

Cocina de la diáspora africana

Hacia el oeste se verán más tiendecitas y restaurantes africanos entremezclados con *boutiques* y tiendas de comestibles de lugareños. Es obligado almorzar en alguno de los muchos restaurantes africanos de la zona, como los senegaleses **Keur Coumba** o **Pikine,** donde se degustarán guisos a base de mandioca y otros ingredientes frescos, que bien pueden acompañarse de un *bissap* (bebida de flor de hibisco) o de un zumo de jengibre. Otro local de éxito es el **Safari,** que sirve platos somalíes como el *hilibari* (cabra asada sobre arroz basmati) o un *wrap* preparado con *sabaayed,* el típico pan plano de Somalia. Y aunque se rompa con la temática africana, una tentadora opción para el postre es la **Crepe Bakery.**

Le Pétit Senegal

A Little Africa también se la conoce como Le Pétit Senegal, por la gran población de senegaleses que aquí reside, lo que explica que haya tantos restaurantes de ese país y que en la calle se suela oír hablar en francés. No obstante, hay muchos otros países de África occidental presentes en el barrio, incluidos Guinea, Burkina Faso y Ghana. Fuera de Little Africa se encuentran otros restaurantes africanos recomendables, como **Accra** (125th St) o **Ponty Bistro** (139th St), ambos en las lindes de Harlem.

Por Linda Adria Moscovitz, *chef privada especializada en circuitos culinarios africanos y restaurantes temporales en Harlem, @lindaacooks.*

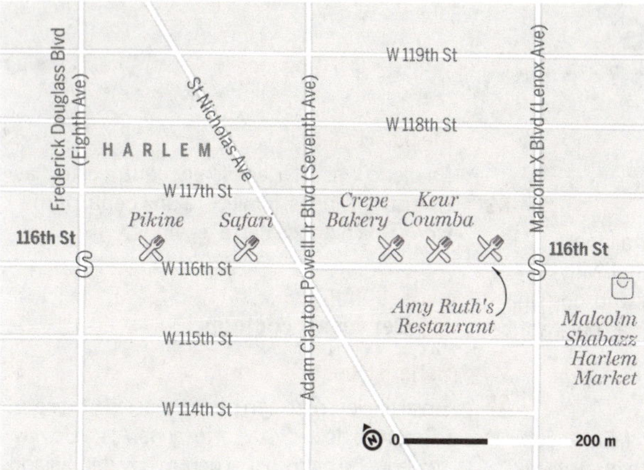

Izda.: mujer senegalesa, Harlem.
Abajo: Amy Ruth's.

Histórico Harlem

Además de establecimientos africanos, Little Africa depara otras propuestas notables, entre ellas **Amy Ruth's,** un arraigado baluarte local conocido por servir platos de *comfort food* tradicional de estilo sureño, incluido su notorio pollo frito con gofres. Suele estar abarrotado, sobre todo los domingos.

Sugerencias

NO TE PIERDAS…

Restaurantes al uso

Vinateria $$

Apuesta de regusto español e italiano, fantástica para una cena informal. Muy indicado para apasionados del vino, con una estupenda *happy hour*. Las vieiras para abrir boca son una delicia.

Melba's $$

Icónico restaurante de *soul food*. Entre sus platos favoritos están el rabo de buey y los macarrones con queso gratinado. Cabe esperar música festiva y algún que otro espontáneo bailando.

Abyssinia $$

Uno de los mejores etíopes de la ciudad, poco concurrido durante el día. Sus opíparas raciones hacen que sea particularmente indicado para ir en grupo.

Babbalucci $$

Auténtica cocina italiana en pleno Harlem: la *pizza,* alucinante, se hace en un horno tradicional de ladrillo. Con buen tiempo, mejor sentarse fuera y entregarse a su *happy hour.*

Seasoned Vegan $$

Excelente opción vegana. La carta incluye versiones de clásicos de *soul food,* como costillitas a la barbacoa, sándwiches de *po'boy* (marisco o pescado rebozado) y su interpretación de la famosa hamburguesa de queso de Harlem.

Lolo's Seafood Shack $$

Aquí se viene a probar las patas de cangrejo, más ricas si cabe acompañadas de una copa de ponche de la casa, preparado con hierbas y ron caribeño.

Maison Harlem $$

En pleno West Harlem se encuentra este clásico bistró francés, ideal para una cena íntima y con una extensa carta de vinos.

Cerveza y cócteles

Harlem Hops $$

Sin artificios, pero con buena música y un certero abanico de cervezas artesanas. Al fondo hay un pequeño patio, por si dentro hay demasiado ruido. La carta cambia periódicamente.

Corner Social $$

Para salir de fiesta hasta las tantas, tomar un *brunch* con un cóctel y pasarlo pipa. Los tragos, bien cargados, salen a cuenta. Pruébese el Harlem Love Punch.

67 Orange $$

Plácido bar de estilo *speakeasy*, que apunta a una clientela devota de los cócteles sofisticados. Muy recomendable el Santa Rockey.

Harlem Tavern $$

Tranquila e informal cervecería con terraza que se alborota cuando llega el fin de semana.

Melba's.

Tienen una amplia carta y, cada mes, una cerveza invitada.

Cantina Taqueria & Tequila Bar $$

Comida barata y bebidas potentes, incluidos buenos margaritas y tacos de tamaño perfecto, más una *happy hour* que hace que se llene enseguida.

Música en directo

Shrine

De ambiente tranquilo, acoge grupos en directo y artistas locales, y pasada la medianoche, fiestas con DJ que pinchan desde R&B y *reggae* a salsa y música africana.

Ginny's Supper Club

Bajo el Red Rooster, en este bullanguero local actúan bandas en vivo y se sirve una carta diferente a la de su restaurante hermano, escaleras arriba.

Minton's Playhouse

Para disfrutar de una buena cena y un distinguido cóctel con *jazz* en vivo de fondo. Consúltese la programación en línea.

Apollo Theatre

Esta legendaria sala, en la que muchos grandes talentos se han dado a conocer, sigue acogiendo conciertos y otros eventos.

De 'brunch'

Angel of Harlem $$

Divertido establecimiento de influencias caribeñas que encandila con sus *brunches,* buena música y ambiente.

Maxwell's Central Park $$

Pegado a Central Park, cada fin de semana recibe una marea de clientes atraídos por sus generosos *brunches* y cócteles.

AMEER MUSSARD-AFCARI/SHUTTERSTOCK ©

Harlem Tavern.

Amy Ruth's $$

En esta famosa propuesta a la altura de su nombre se impone probar el pollo frito o el bagre con gofres. El *brunch* del domingo es una institución.

Lido Harlem Restaurant $$

Mimosas ilimitadas, crepes recién preparadas y auténtica cocina italiana: otro contundente *brunch* justamente alabado por los vecinos de Harlem.

B Squared Harlem $$$

Tipo *speakeasy,* para rendirse a una suculenta carta de *brunch* que incluye gambas y polenta, revuelto de langosta, y tortitas de *matcha* y coco. Sublime coctelería, además.

Edge $$

Restaurante caribeño conocido por sus tintes festivos durante el *brunch* del fin de semana. La carta aúna lo mejor de las cocinas jamaicana y estadounidense.

Consejos en línea para disfrutar del mejor 'jazz' en Harlem

QUEENS
MUSEOS | RESTAURANTES | CULTURA
Explora lo mejor de Queens en línea

QUEENS
Plan de viaje

IMPRESCINDIBLES Y JOYAS OCULTAS

Queens se halla en el epicentro de lo que convierte a Nueva York en un mosaico cultural. Desde sus famosos mercados nocturnos en el Chinatown de Flushing a la retahíla de museos de arte de Long Island City, Queens tiene mucho que ofrecer en materia de experiencias culturales auténticas.

Información

Lo mejor Restaurantes y galerías de arte, más alguna que otra visita a museos.

Cómo llegar Las líneas 7, M, N/R y W llegan a la mayoría de las atracciones. La A va a Far Rockaway.

Cómo desplazarse A lugares retirados, como Flushing, conviene ir entre semana para evitar los retrasos típicos del metro.

Consejo El trayecto suele ser largo: mejor contar con pasar todo el día.

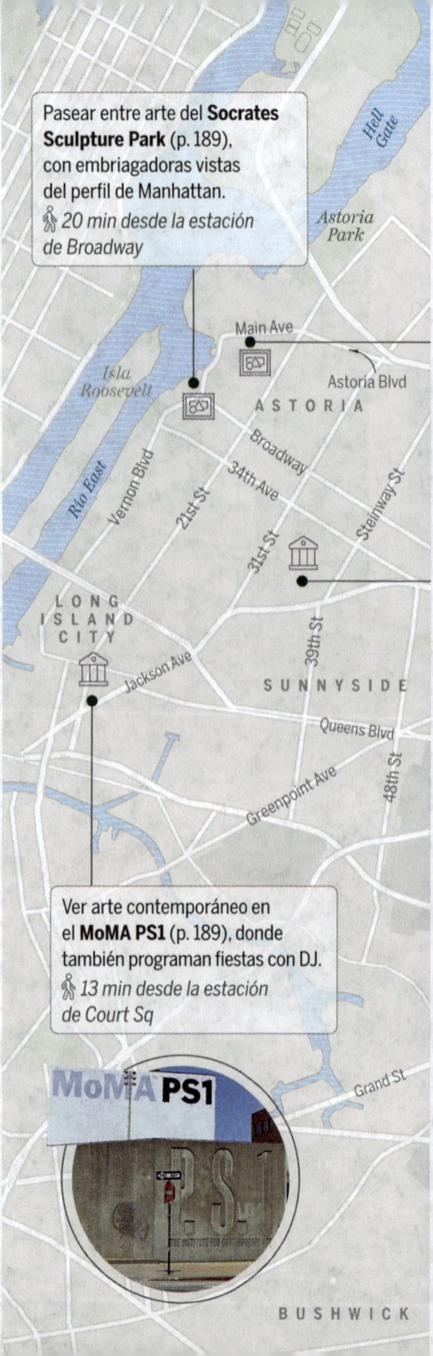

Isla de Rikers
0
2 km
Descubrir el precioso recinto del **jardín botánico de Queens** (p. 190) y su galería de arte.
12 min desde la estación de Main St
Ver los vívidos murales callejeros del **Welling Court Mural Project** (p. 189), obra de artistas emergentes.
20 min desde la estación de Broadway
Bahía de Bowery
Grand Central Pkwy
23rd Ave
Astoria Blvd
Degustar exquisiteces de Asia en el **mercado nocturno de Queens** (p. 191), en Flushing.
12 min desde la estación de 111th St
Whitestone Expwy
Bahía de Flushing
Main St
JACKSON HEIGHTS
Aprender más sobre la historia del cine en el asombroso **Museum of the Moving Image** (p. 189).
4 min desde la estación de Steinway
Northern Blvd
114th St
Roosevelt Ave
Van Wyck Expwy
Visitar el **New York Hall of Science** (p. 190), cuyas eclécticas muestras ofrecen una entretenida experiencia.
17 min desde la estación de Mets-Willets Point
Roosevelt Ave
Broadway
Booth Memorial Ave
Grand Central Pkwy
108th St
FLUSHING
Long Island Expwy
Lago Meadow
Junction Blvd
ELMHURST
Grand Ave
Queens Blvd
Long Island Expwy
Eliot Ave
Woodhaven Blvd
FOREST HILLS
Flushing Ave
Fresh Pond Rd
69th St
QUEENS
71st Ave
Metropolitan Ave
Tomar el tren a **Rockaway Beach** (p. 190) para disfrutar del sol mientras se recorre su paseo marítimo.
4 min desde la estación de Rockaway Beach Blvd
Forest Park
Myrtle Ave
Rockaway Beach (13km)

34 Festival gastronómico mundial: LÍNEA 7 DE METRO

RESTAURANTES | CULTURA | DE COMPRAS

Queens depara algunas de las zonas más heterogéneas de la ciudad, lo que le convierte en uno de los lugares de mayor diversidad étnica de EE UU. Como mejor se exploran estos barrios, que van desde Little India al Chinatown de Flushing, es con los trenes de la línea 7 y saboreando, entre parada y parada, su cocina internacional.

SNAPASKYLINE/SHUTTERSTOCK ©

Información

Cómo llegar Desde Manhattan, en la línea 7 en 42nd St-Bryant Park o en 34th St-Hudson Yards.

Cuándo ir Es preferible empezar temprano para contar con tiempo suficiente entre paradas.

Retrasos El servicio ferroviario a los distritos fuera de Manhattan normalmente sufre retrasos los fines de semana. Visítese entre semana para ir sobre seguro.

Barrera idiomática En algunos barrios, los dependientes de las tiendecitas apenas chapurrean inglés.

IRA BERGER/ALAMY STOCK PHOTO ©

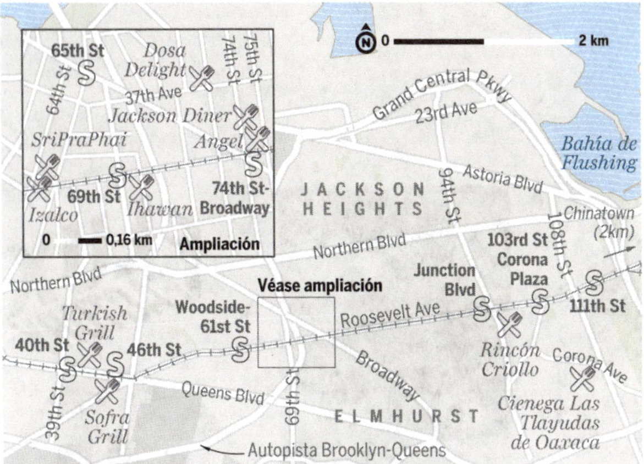

Arriba izda.: Flushing Chinatown.
Abajo izda.: Jackson Diner.

Paladar diverso

Entre las estaciones de 40th y Lowery St se encuentra Sunnyside: una comunidad que, pese a su esencia multicultural, se conoce por sus numerosos restaurantes turcos, como el **Turkish Grill,** próximo a la estación de metro, o el **Sofra Grill,** de ambiente relajado.

En Woodside se puede ir a Little Manila para probar especialidades filipinas en restaurantes como el **Ihawan,** con una sabrosa barbacoa en un marco sin florituras. Aquí también se concentran algunos de los mejores restaurantes tailandeses, como el **SriPraPhai.** Entre las estaciones de Woodside y 61St, hay opciones centroamericanas como el salvadoreño **Izalco,** donde degustar las clásicas *pupusas* en un acogedor entorno frecuentado por lugareños; no hay que olvidarse de probar la horchata con patacones.

Después hay que apearse en la estación de 74th St-Broadway, que linda con Jackson Heights y es la puerta de entrada a Little India, donde priman los comercios especializados y los restaurantes indios. Dos buenos ejemplos son **Angel** (para comida callejera del norte) y **Dosa Delight** (para cocina sureña). **Jackson Diner** engloba ambas cocinas en sus generosos platos. Siguiendo la ruta en metro, se llega al barrio de Corona, entre Junction Blvd y Corona Plaza, donde aguarda una variedad de restaurantes latinoamericanos: desde el cubano **Rincón Criollo,** al mexicano **Cienega Las Tlayudas de Oaxaca.**

El Chinatown de Flushing

Lo mejor se reserva para la última estación de la línea 7, el barrio chino de Flushing, caracterizado por su variopinta selección de tiendas y restaurantes. A diferencia del Chinatown de Manhattan, el de Flushing es menos turístico y presume de tener algunas de las mejores propuestas gastronómicas chinas de la ciudad. Entre los favoritos de los lugareños figuran el **White Bear,** por sus espectaculares empanadillas; el **Haidilao,** por su tradicional *fondue* china, ideal para quienes vayan en grupo por sus raciones copiosas, pensadas para compartir (por no hablar de los masajes o sesiones de manicura que ofrecen mientras se espera mesa); y el **Szechwan Absolutem,** con la mejor cocina de Sichuan de Nueva York. Y como postre, nada como los bollitos y panecillos caseros de la panadería china **Tai Pan.**

ARTE
en Queens

01

02

03

04

01 Isamu Noguchi
Al icónico artista japonés se le considera uno de los escultores más prolíficos del s. XX. El Noguchi Museum de Long Island City lo diseñó él mismo.

02 Socrates Sculpture Park
Con exposiciones rotativas colectivas, este parque es perfecto para sacarse unas fotos con el *skyline* de Manhattan como telón de fondo.

03 Flux Factory
Espacio comunitario con figuras emergentes de Queens.

04 Astoria Performing Arts Center
Un centro de arte conocido por dar prioridad a los talentos locales en ciernes.

07

05

06

05 Welling Court Mural Project

Iniciativa comunitaria para adornar el barrio con murales grafiteros emergentes.

06 Jim Henson

La exposición permanente de Jim Henson en el Museum of the Moving Image explora el legado del creador de *Barrio Sésamo* y *El show de los teleñecos.*

07 MoMA PS1

Este sensacional retoño de la institución matriz (en Manhattan) pone el punto de mira en obras contemporáneas.

01 PHILIP SCALIA/ALAMY STOCK PHOTO ©. **02** JOHN PENNEY/SHUTTERSTOCK ©. **03** FLUX PRESS PHOTOS ©TOP - FLUX LOGO. MIDDLE - TRIVIAL PURSUITS_ EVENT BY SPRINGBOARD COLLECTIVE AT FLUX FACTORY 2018. BOTTOM - WIETEKE HELDENS, _PAINTING, PAINTHING AND PAINTTHING (THE VERBS) FLUX FACTORY © **04** APAC PERFORMANCE - TONY AWARD WINNER CADY HUFFMAN©. **05** RICHARD LEVINE / ALAMY STOCK PHOTO© **06** VDBVSL/ALAMY STOCK PHOTO ©. **07** DPA PICTURE ALLIANCE/ALAMY STOCK PHOTO ©

35 ARTE EN Long Island City

GALERÍAS DE ARTE | MUSEOS | PARQUES

Manhattan y Brooklyn no son los únicos sitios donde se pueden visitar galerías de arte contemporáneo y admirar magníficos murales: Long Island City también posee un próspero panorama artístico con museos únicos y espacios que promueven el talento local.

KOKYAT CHOONG/ALAMY STOCK PHOTO ©

Información

Cómo llegar Línea 7 hasta la estación de Vernon Blvd-Jackson Ave; desde ahí, a pie o en Uber/Lyft.

Cuándo ir De día se verán las exposiciones al aire libre. Ténganse presente las interrupciones del metro los fines de semana.

Qué llevar Zapatillas cómodas; se caminará bastante.

Autobús de enlace gratuito En verano circula el LIC Art Bus, con parada en el Noguchi Museum y el MoMA PS1, entre otros sitios.

OSUGI/SHUTTERSTOCK ©

Barrio escondido de las artes

Queens acoge varios museos de arte que justifican el trayecto desde Manhattan. El **Socrates Sculpture Park** es el único de la ciudad dedicado a la creación y exposición de obras de grandes dimensiones, y regala vistas de Manhattan junto al agua. Cerca, también en Vernon Blvd, se encuentra el **Noguchi Museum,** con obras del escultor japonés Isamu Noguchi, uno de los más importantes del s. xx. El **Museum of the Moving Image** acoge uno de los mejores archivos cinematográficos del mundo. Aquí se aprenderá todo acerca del arte de la producción cinematográfica y su cultura. Para exposiciones experimentales, visítese el **MoMA PS1** (1971), uno de los primeros centros de arte contemporáneo del país.

Galerías privadas

Son también interesantes galerías privadas como **Flux Factory,** en la que se promueven artistas emergentes y sus obras. El **Fisher Landau Center for Art** ocupa una antigua fábrica de arneses de paracaídas en la que exponen artistas reputados como Kiki Smith, Jasper Johns y Sherrie Levine.

Arriba izda.: Noguchi Museum.
Abajo izda.: MoMA PS1.

La historia a través del arte urbano

Tras el polémico encalado, en el 2013, de los históricos murales pintados sobre los muros de la fábrica 5 Pointz en Long Island City, varios activistas han trabajado para conseguir espacios donde los grafiteros puedan mostrar su arte, muy arraigado en la zona. El **Welling Court Mural Project,** en Astoria, es famoso por sus vívidos murales y por su voluntad de embellecer el barrio, conservando y fomentando al mismo tiempo el arte urbano como medio artístico legítimo.

Sugerencias

NO TE PIERDAS...

Parques y espacios al aire libre

Fort Trotten

En el extremo de la bahía de Little Neck, junto al estuario de Long Island, este apacible parque en una antigua zona militar tiene un fuerte de la Guerra de Secesión.

Corona Park

También llamado Flushing Meadows, este enorme parque, salpicado de esculturas y obras de arte, es ideal para pasear.

Kingsland Homestead

Sede de la Queens Historical Society y emblema de la ciudad, se puede explorar el recinto de esta casa del s. XVIII.

Gantry Plaza State Park

En Long Island City, brinda unas de las mejores vistas de Midtown.

Alley Pond Park

Pegado a Bayside, es perfecto para realizar actividades como tirolina, escalada y mucho más.

Astoria Park

En este magnífico parque se puede contemplar el ocaso mientras se disfruta de un pícnic sobre el césped.

Queens Botanical Gardens

Maravilloso jardín de 15 Ha con su propia galería de arte y un arboreto, en Flushing.

Rockaway Beach

Playa y paseo marítimo de 10 km salpicado de puestos de temporada.

Museos

Queens Museum

Genial museo de arte contemporáneo instalado en el pabellón que acogió la Exposición Internacional de 1938.

Voelker Orth Museum

Antiguo hogar de inmigrantes alemanes de finales de la década de 1800 con un santuario de aves y un jardín victoriano abiertos al público.

New York Hall of Science

El único centro interactivo de ciencia de la ciudad, con interesantes exposiciones y sala de proyecciones en 3D.

Sculpture Center

Inaugurado en Long Island City en 1928, este museo de arte contemporáneo sin ánimo de lucro se creó para prestar apoyo a escultores emergentes.

King Manor Museum

La residencia de Rufus King, senador del estado de Nueva York y uno de los firmantes

MASSIMO SALESI/SHUTTERTSOCK ©

Queens Museum.

de la Constitución de EE UU, es un museo consagrado a su memoria.

Los mejores 'brunches'

Sanfords Astoria $$

Cada fin de semana, los lugareños acuden en tropel para saborear el *brunch* de inspiración mexicana de este local a un paso de la estación de Broadway.

Mom's Kitchen and Bar $$

El *brunch* no sabe de horas en este animado bistró de barrio que sirve los clásicos estadounidenses de siempre.

Shady Lady $$

En su *brunch* de fin de semana no faltan opciones de *comfort food* e incluso tapas.

Sugar Freak $$

En Astoria, ofrece sensacionales *brunches* y una carta dictada por los sabores de Nueva Orleans, con innovadores cócteles. Mejor llegar antes de las 14.00.

No. 5 $$

Brunches veganos de fin de semana, opciones no veganas e ingredientes ecológicos, más un completísimo bar.

Queens Bully $$

Amplio espacio que apuesta por los sabores internacionales, las carnes a la barbacoa y los cócteles bien cargados.

TOOYKRUB/SHUTTERSTOCK ©

Queens Center.

Áreas comerciales y zonas de restauración

Queens Center

Enorme centro comercial lleno de grandes marcas y cadenas de restaurantes.

Queens Crossing

Concurrido centro comercial conocido por sus tiendas de productos asiáticos y su gran zona de restauración. Tiene karaoke.

New World Mall

En pleno Chinatown de Flushing, con multitud de tiendas de artículos asiáticos. Lo mejor: su zona de restauración y su gran variedad.

Queens Night Market

Famoso mercado al aire libre (abierto en temporada) donde probar toda clase de comida callejera y disfrutar de espectáculos en directo.

Descubre en línea la oferta noctámbula de Queens

EXCURSIONES

RECREACIÓN | CULTURA | NATURALEZA

CAPTREE PRIDE
NEW YORK, NY

EXCURSIONES
Plan de viaje

IMPRESCINDIBLES Y JOYAS OCULTAS

Una de las grandes ventajas de Nueva York es su proximidad a destinos que parecen a años luz de la ciudad: a solo 1 h asoman montañas escarpadas y hay playas a un paso. Cuando la urbe obliga a recargar pilas, estas idílicas excursiones suponen vigorizantes escapadas.

Información

Lo mejor Enclaves culturales únicos, playas alegres y extraordinarios paisajes de montaña.

Cómo desplazarse El transporte público (Metro North y NJ Transit incluidos) es la opción más fácil y económica. Alquilar un coche es caro, pero permite llegar a lugares más apartados.

Consejo En verano los mejores hoteles, restaurantes y excursiones pueden estar reservados con meses de antelación.

Pasar el rato en la encantadora **Beacon** (p. 205).
1½ h
CONNECTICUT
Bridgeport
Norwalk
Stamford
Greenwich
Río Hudson
Estrecho de Long Island
Cabalgar las olas en el **Fire Island National Seashore** (p. 198).
2½ h
New Rochelle
Yonkers
Mt Vernon
NUEVA YORK
Long Island
Brentwood
Levittown
Hempstead
Fire Island National Seashore
The Pines
Gateway National Recreation Area
Long Beach
Océano Atlántico
Divertirse en el bastión gay de **Fire Island Pines** (p. 198).
2½ h
Recorrer el histórico paseo marítimo de **Asbury Park** (p. 196).
1½ h
N
0
50 km

36 Costa de JERSEY

ANIMADA | SINGULAR | HISTÓRICA

Bohemio y atrevido, Asbury Park es el Williamsburg de la costa de Jersey. Tras años de abandono, ha experimentado un renacimiento. Sus innovadores restaurantes, *boutiques* y su pujante panorama musical atraen a variopintos visitantes en lo que se ha convertido en un paraíso *hipster*. Su histórico paseo marítimo está en el centro de la acción.

SKY CINEMA/SHUTTERSTOCK ©

Información

Cómo llegar NJ Transit tiene trenes directos entre Penn Station y Asbury Park. Aunque más caro, el Seastreak Ferry atraca en Highlands, 30 min al norte en taxi. En coche queda a 1½-2.

Cuándo ir Es una localidad estival muy visitada; mejor ir a finales de primavera o principios de otoño.

Consejo Los bonos de playa (obligatorio, 6/9 US$, lu-vi/sa, do y festivos) se compran en la oficina que hay en esta o con la *app* Viply.

JAMES KIRKIKIS/SHUTTERSTOCK ©

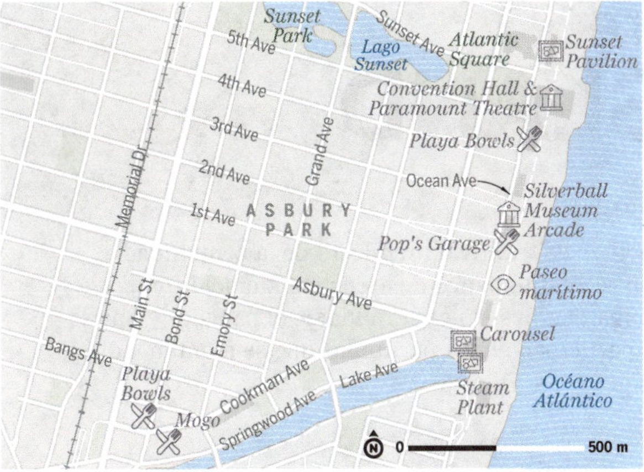

Viajar en el tiempo Su paseo marítimo evoca el glamur de los tiempos de *El Gran Gatsby*. Se empieza recorriendo el **Convention Hall** y el **Paramount Theater,** construidos entre 1928 y 1930 por los arquitectos de la Grand Central Terminal. El **Silverball Museum** es una sala de juegos de estilo retro con máquinas de la década de 1930. Al sur se verán un casino y un carrusel estilo *beaux-arts*.

Dónde comer y beber El paseo marítimo de Asbury Park es un edén epicúreo plagado de puestos de comida. Se recomienda probar los tacos de fusión coreana de **Mogo,** hincarle el diente a una mazorca de maíz a la parrilla de **Pop's Garage** o relajarse con un *smoothie* de frutas de **Playa Bowls.** Sorber un ron en **Beach Bar,** a un paso de la arena o sentarse en el amplio porche frente al mar de **Watermark** para disfrutar de un sublime cóctel.

Cultura musical La música reina en Jersey y su hijo predilecto es, claro está, Bruce Springsteen. Para seguir su estela hay que dirigirse al **Stone Pony,** un club en el que dio sus primeros conciertos. Organiza el Summer Stage, con la actuación de artistas de relumbrón. A esto hay que sumar las actuaciones de jóvenes talentos en lugares como el **Asbury Park Yacht Club** o el **Wonder Bar.**

Arriba izda.: playa de Asbury Park.
Abajo izda.: Wonder Bar.

Arte callejero junto al mar

El Wooden Walls Project embellece el paseo marítimo con murales de prominentes artistas callejeros. Estos son los preferidos de Jenn Hampton, su fundador:

Sunset Pavilion *7800° Fahrenheit*, de Rubin45, consta de tres paneles de diseños geométricos.

Carousel (carrusel) Mural circular en el suelo del artista Porkchop que reza "*Good Thoughts, Good Words, Good Deeds*" ("Buenos pensamientos, buenas palabras, buenas acciones") en cinco idiomas.

Steam Plant *Never Turn Your Back on the Ocean*, de Ann Lewis, es un mural de 15 m realizado sobre las ventanas de una central eléctrica abandonada.

Recomendado por Jenn Hampton, *Wooden Walls Project y Parlor Gallery, @woodenwallsproject.*

37 Fire ISLAND

LGBTIQ+ | PLAYA | VIDA NOCTURNA

Fire Island Pines es el enclave estival predilecto de la comunidad LGBTIQ+, escondido en un recóndito banco de arena a 5 km del litoral de Long Island. Tras desembarcar, lo suyo es enfundarse el bañador y unirse a los fanáticos del sol que participan en las parrandas que se montan a diario en este desenfrenado destino.

ATLANTIDE PHOTOTRAVEL/GETTY IMAGES ©

Información

Cómo llegar Desde Penn Station se toma el tren de la línea LIRR a Sayville y luego, el autobús de enlace a la terminal de ferris de Sayville. La única forma de llegar a la isla es en ferri. Los billetes de ida y vuelta (40,25 US$) deben adquirirse en las máquinas o directamente al personal a bordo. Como alternativa, se puede conducir o subirse al Bay Bus hasta la terminal de ferris; calcúlense unas 2½ h.

Cuándo ir Entre el Día de los Caídos y el Día del Trabajo.

Consejo Los víveres y artículos esenciales son caros y limitados; conviene ir provisto.

GLYN GENIN/ALAMY STOCK PHOTO ©

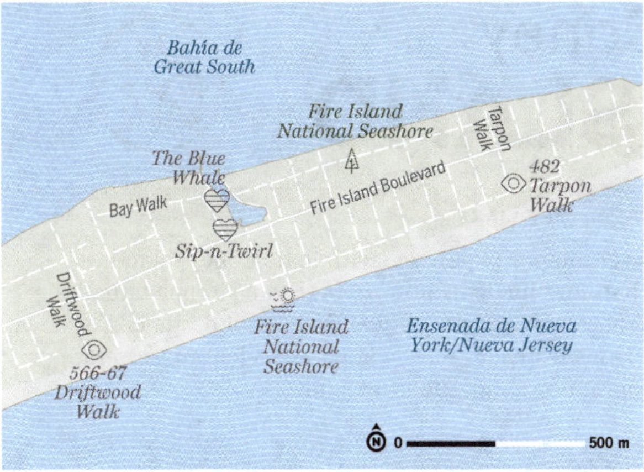

Arriba izda.: casas en el Fire Island National Seashore. **Abajo izda.:** banderas del embarcadero de Fire Island.

En la playa Se empieza el día en el **Fire Island National Seashore,** una inmaculada playa entre dunas y bosques. Tras una buena dosis de vitamina D, hay quienes emprenden una caminata al Meat Rack, una zona cubierta de sotobosque frecuentada por gais con ganas de acción.

Casas de ensueño Junto a la orilla se podrán admirar las construcciones modernistas erigidas en las décadas de 1960 y 1970 por arquitectos como Horace Gifford, quien diseñó 63 de las 600 viviendas que se cuentan en la zona. Se puede echar un vistazo a las de **566-67 Driftwood Walk** y **482 Tarpon Walk** para admirar cómo empleaba Gifford el cedro y el cristal para integrar sus obras en el entorno natural.

'Happy hours' Las cinco en punto se asocia a la merienda, que ahora viene dictada por los cócteles del **Blue Whale.** A las 20.00, el jolgorio se traslada a la piscina adyacente. Después, a las 22.00, todo el mundo se dispersa para cenar y descansar un rato antes de salir de marcha, o para tomar el último ferri al continente. Todos los caminos, en cualquier caso, terminan de nuevo en el **Sip-n-Twirl,** que bulle hasta altas horas.

Cultura isleña

Al visitar Fire Island el viajero se encontrará con una comunidad consolidada desde hace muchos años, una utopía gay que nos permite ser nosotros mismos, donde reina la libertad sexual, la libertad de ser gay. Aquí se viene a liberarse del hastío que suponen las apariencias de Nueva York para entregarse y disfrutar plenamente de la isla.

Por Pixie Aventura, *'drag queen' afincado en NY que ofrece un espectáculo cada verano en el Pines Pavilion y durante todo el año en Manhattan. @pixieaventura.*

38 Coney ISLAND

EXCÉNTRICO | NOSTÁLGICO | AL AIRE LIBRE

Al pasear un día de verano por el paseo marítimo de Coney Island es inevitable toparse con un batiburrillo de iconos *kitsch*, como sirenas tatuadas, montañas rusas o puestos de comida grasienta que llevan aquí desde el s. XIX. Si se coincide con alguno de los festivales que cada año se celebran, se verá la *riviera* de Brooklyn recobrando su antiguo esplendor.

HOLLY VEGTER/SHUTTERSTOCK ©

Información

Cómo llegar Líneas D, F, N o Q a Coney Island-Stillwell Ave. Se tarda 1 h desde Midtown (Manhattan).

Cuándo ir Los festivales más señalados tienen lugar en junio, julio y enero. La mejor época para disfrutar de las montañas rusas es entre el Día de los Caídos y el del Trabajo. El *boardwalk* (paseo marítimo) abre todo el año.

Bonos Hay dos parques de atracciones principales; cada uno cobra su propia entrada: el Deno's Wonder Wheel Park y el Luna Park, con el grueso de las atracciones.

AUTOMATIX6/SHUTTERSTOCK ©

Arriba izda.: paseo marítimo de Coney Island. Abajo izda.: desfile de sirenas.

El festival indicado

Desfile de sirenas Estrafalario festival que cada año, desde 1983, se celebra el solsticio de verano. Más próxima al Mardi Gras que a la casa de Mickey Mouse, lo mejor es ir a Surf Ave y ver las carrozas, o ponerse un disparatado atuendo náutico para competir en la categoría de los mejores disfraces.

Concurso de comer 'hot dogs' El 4 de julio, miles de espectadores con un estómago a prueba de bombas se citan en la esquina de Stillwell con Surf para asistir al **Nathan's Famous Hot Dog Eating Contest,** en el que cada año se determina quién es capaz de zamparse más perritos en 10 min. La primera edición registrada data de 1972, aunque al parecer la tradición se remonta a 1916.

Zambullida de los osos polares Uno puede liberarse de las preocupaciones del año dándose un chapuzón en las gélidas aguas del atlántico en compañía del **Coney Island Polar Bear Club,** fundado en 1903. El 1 de enero, miles de valerosos neoyorquinos se conjuran cerca del paseo marítimo para recibir el año con un refrescante baño.

Consejos del 'alcalde'

Sirenas Los padres aprovechan el desfile para enseñar a sus hijos educación sexual.

Zampasalchichas Si se quiere participar, se aconseja comer la salchicha y el pan por separado: se ahorra tiempo y esfuerzo.

Osos polares Lo peor es que tras el chapuzón los dedos de los pies se te queden entumecidos durante horas. Mi consejo es bañarse con un par de zapatillas que no importe destrozar.

Por Dick Zigun, *'alcalde' oficioso de Coney Island, y fundador y director artístico de Coney Island USA, @dickzigun.*

CONEY ISLAND:
puntos de interés

07

01

03

06

05

04

02

01 Paseo marítimo

El Riegelmann Boardwalk, un paseo de casi 5 km construido con listones de madera en 1923, funciona como conexión principal entre la playa y las atracciones.

02 La cara graciosa

El rostro sonriente de Tillie, antaño logo del desaparecido Steeplechase Park, es un símbolo imperecedero del peculiar espíritu de Coney Island.

03 Atreverse con el Cyclone

Esta destartalada montaña rusa de madera, con un descenso de 25 m, se inauguró en 1927.

04 Probar los 'hot dogs'

En 1916, Nathan Handwerker empezó a vender por un níquel sus hoy famosos *hot dogs*, en la esquina de Surf y Stillwell.

05 Subirse al Thunderbolt

Los pasajeros alcanzan los 100 km/h en esta retorcida montaña rusa con un trazado de 680 m.

06 Explorar el fondo marino

Paseando por el túnel de coral del Acuario de Nueva York se observarán tiburones de punta negra y más de un centenar de especies marinas.

01 ULU_BIRD/GETTY IMAGES ©, **02** ZMEDIA/SHUTTERSTOCK ©, **03** JAMES KIRKIKIS/SHUTTERSTOCK ©, **04** FELIX LIPOV/SHUTTERSTOCK ©, **05** CHRISTIAN MUELLER/SHUTTERSTOCK © **06** SHU2260/SHUTTERSTOCK ©, **07** LAZYLLAMA/SHUTTERSTOCK ©

09

08

11

10

12

13

07 La atracción más antigua del lugar

La Wonder Wheel, una noria de 1920, con vistas de la costa de Jersey y Manhattan.

08 Cerveza local

Se puede visitar la cervecera artesana Coney Island Brewing Company antes de probar su refrescante Mermaid Pilsner.

09 La torre Eiffel de Brooklyn

El abandonado Parachute Jump, un hito de 75 m de altura diseñado con motivo de la Exposición Mundial de Nueva York de 1939 y reubicado aquí en 1941.

10 Béisbol junto a la playa

Disfrutar de las vistas del océano mientras se ve un partido de los Brooklyn Cyclones en el Maimonides Park, su estadio.

11 La magia del circo

El Coney Island Circus Sideshow ofrece fabulosos números.

12 De pesca

Pescadores de toda clase y condición se reúnen en el muelle de Steeplechase.

13 Playa de Coney Island

Encontrar un lugar donde colocar la toalla en los 5 km de playa de arena de Coney Island.

08 HEATHER SHIMMIN/SHUTTERSTOCK ©, 09 JOHN PENNEY/SHUTTERSTOCK ©, 10 AMEER MUSSARD-AFCARI/SHUTTERSTOCK ©, 11 SIVAN ASKAYO/LONELY PLANET ©, 12 STACEY BRAMHALL/GETTY IMAGES ©, 13 PAOLO BONA/SHUTTERSTOCK ©

39 Storm King Art CENTER

ARTE | NATURALEZA | MONTAÑAS

En las colinas onduladas del valle del Hudson, en un bucólico parque de arte situado 100 km al norte de Nueva York, enormes esculturas aparecen aquí y allá en las 200 Ha de impecables bosques y praderas. La mejor época para deleitarse con este paisaje es en otoño, cuando los bosques circundantes protagonizan un sensacional espectáculo de colorido arte.

CORY SEAMER/SHUTTERSTOCK ©

Información

Cómo llegar El coche es ideal para explorar los alrededores. En tren hay que tomar en Grand Central la línea Hudson del Metro-North hacia Beacon, donde Storm King ofrece servicios de enlace los fines de semana. Coach USA tiene un autobús directo desde Port Authority.

Cuándo ir Abre de principios de abril a mediados de diciembre. Cada estación tiene su encanto, pero la mejor quizá sea el otoño.

Consejo Hacer un pícnic e ir dispuesto a caminar mucho.

BEAU_BERRY/SHUTTERSTOCK ©

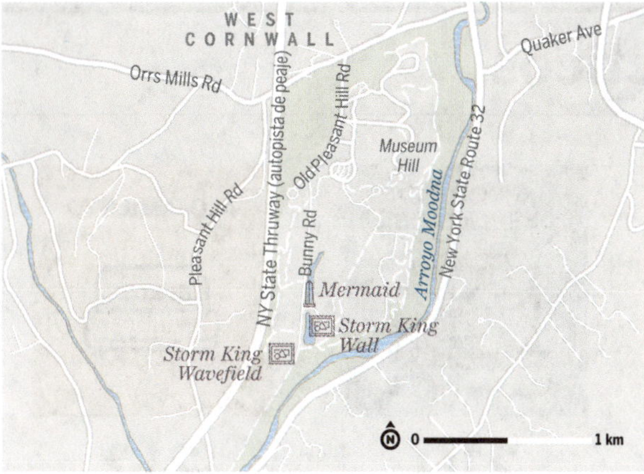

Pico panorámico Desde lo alto de **Museum Hill,** se tendrá una visión global de lo que ofrece el lugar. Un *château* restaurado de estilo normando, erigido en 1935, hace las veces de espacio museístico y tienda. Las columnas jónicas de una mansión decimonónica enmarcan el cercano monte Schunnemunk.

Arte y naturaleza Las esculturas están pensadas para interactuar con el paisaje. *Storm King Wavefield,* por ejemplo, una obra de tierra de 4,5 Ha realizada por Maya Lin, logra transmitir un hechizante efecto ondulante. Las nubes que cruzan el cielo se ven reflejadas en *Fallen Sky,* de Sarah Sze, una esfera de acero inoxidable de 10 m de diámetro instalada sobre una pradera. El asombroso *Storm King Wall* de Andy Goldsworthy, es un muro de casi 700 m que discurre entre árboles antes de precipitarse al fondo de un estanque.

Flora y fauna local Se pueden ver ciervos, tortugas y conejos de cola de algodón al recorrer las praderas y senderos arbolados. Además de las barnaclas canadienses que frecuentan los sauces llorones alrededor del *Mermaid* de Roy Lichtenstein, se pueden ver 80 especies de aves sobrevolando el parque.

Follaje otoñal El verde de los bosques da paso a un derroche de rojos, amarillos y naranjas de mediados de septiembre a mediados de octubre. Consúltese el mapa que cada año se publica en smokymountain.com con la previsión de la caída de las hojas.

Arriba izda. y abajo izda.: Storm King Art Center.

Poblaciones y senderos cercanos

Storm King queda a tiro de piedra de atractivas aldeas y gratificantes caminatas. Los siguientes lugares complementan una jornada en el valle del Hudson.

Beacon Refugio de antiguos residentes de Brooklyn, acoge el Dia Beacon, fábrica de Nabisco hoy renacida como complejo de arte contemporáneo.

Cold Spring Las *boutiques* abundan en la calle principal de este pintoresco enclave de añejo atractivo.

Breakneck Ridge Una ardua caminata entre espesos bosques conduce hasta riscos con vistas del Hudson.

Storm King Mountain Rodear la cumbre de la montaña que cede su nombre a este centro de arte para obtener una vista en altura de la región.

Datos prácticos

DEL AEROPUERTO AL CENTRO DE LA CIUDAD

Los aeropuertos John F. Kennedy (JFK) y LaGuardia (LGA), en Queens, son los principales. Ambos cuentan con servicios similares, pero el JFK dispone de más restaurantes. Hay quienes llegan al cercano aeropuerto de Newark (EWR), en Nueva Jersey, y toman el NJ Transit a Manhattan.

EN EL AEROPUERTO

CAMBIO DE MONEDA
Hay puestos en las distintas terminales y hay cajeros automáticos.

El **AirTrain** conecta, por 7,75 US$, el JFK con intercambiadores de transporte público; el precio no incluye la tarifa que ha de abonarse para proseguir viaje.

PIT STOCK/SHUTTERSTOCK ©

PUNTOS DE RECARGA
En los vestíbulos y en las zonas de espera; en el EWR, solo junto a las puertas de embarque.

WIFI
Gratis en todos los aeropuertos.

CAJEROS AUTOMÁTICOS
En todas las terminales.

ADUANA
Pasar el control de pasaportes y la aduana puede dilatarse hasta 3 h, según el volumen de pasajeros y la época del año. El Programa de Exención de Visado (VWP) permite la entrada sin este a casi todos los ciudadanos la UE; se debe obtener previamente un certificado ESTA (Sistema Electrónico para la Autorización de Viaje; esta.cbp.dhs.gov).

CÓMO LLEGAR AL CENTRO

JFK En el AirTrain hasta la estación de Jamaica y, allí, el LIRR a la de 34th St-Penn; son 15-20 min. Otra opción para Manhattan es la línea E (2,75 US$), pero se tarda más. También se puede tomar el AirTrain hasta la estación de Howard Beach y allí cambiar a la línea A.

LaGuardia Bus M60 hasta 125th St y Lexington Ave, en Harlem, y luego cambiar al tren 4, 5 o 6 para otros puntos de la ciudad. También, el autobús Q70 a la estación de Woodside y empalmar con el LIRR hasta la de 34th St-Penn.

CUÁNTO CUESTA

Taxi de JFK a Manhattan
52 US$

Billete del AirTrain
7,75 US$

Billete del LIRR a Penn Station
7,75 US$

Taxis desde JFK y LaGuardia
Los taxis amarillos cobran 52 US$ desde el JFK a Manhattan; desde LaGuardia, 24-44 US$.

Paradas de taxi
Hay varias, pero también se pueden usar las *apps*.

Uber y Lyft Cada aeropuerto dispone de paradas específicas. Pueden estar algo más retiradas tras salir de la terminal. Se recomienda localizarlas antes de pedir un vehículo.

OTROS PUNTOS DE ENTRADA

Aeropuerto internacional Newark Liberty (EWR) Pese a estar en Nueva Jersey, es muy utilizado para ir a Nueva York.

Ir en taxi a Nueva York desde Newark no es barato (90-125 US$). Como alternativa se puede tomar el AirTrain a la estación del NJ Transit del aeropuerto de Newark Liberty y luego continuar en cualquier tren que vaya a Penn Station. Cabe esperar pagar 15,25 US$, pues el billete incluye el acceso al AirTrain y el NJ Transit. Si el alojamiento en Nueva York se encuentra al sur de 34th St, habrá que apearse en Newark Penn Station (parada inmediatamente después de la del aeropuerto en el NJ Transit) y dirigirse a la estación del PATH para seguir a distintos puntos de Lower Manhattan. La tarifa es la misma que la de los buses y trenes de la MTA.

Si se conduce, hay que tener presente el peaje de 10 US$ por entrar en la ciudad desde Nueva Jersey y que el tráfico suele ser especialmente denso entre las 16.00 y 19.00.

CONSEJOS PARA DESPLAZARSE

Presumiblemente, se pasará mucho tiempo caminando, aunque eso no significa que haya que ir andando a todas partes. La ciudad cuenta con una extensa red de metro que da servicio a sus cuatro distritos.

ESPECTÁCULOS IMPROVISADOS
En el metro se suelen ver artistas callejeros, sobre todo en lugares particularmente transitados como Times Square. Conviene ser cauto al abrir la cartera para dejarles una propina.

ASCENSORES DEL METRO
Muchas estaciones con poco tránsito carecen de ascensor. Compruébese en la web de la MTA (new.mta.info/elevator-escalator-status).

Metro sencillo 2,75 US$

GRATIS

AirTrain 7,75 US$

Descargar las *apps* de Citymapper y MTA

AUTOMÓVIL
Además de caro, aparcar es un suplicio, así que se desaconseja alquilar un coche a menos que se planee visitar barrios alejados con escaso transporte público.

FUERA DE MANHATTAN
En transporte público se puede llegar a destinos fuera de la ciudad, como Long Island u otros puntos del estado de Nueva York.

METRO LOS FINES DE SEMANA
Los sábados y domingos el horario del metro sufre modificaciones y muchos trenes se desvían o se saltan estaciones. Mejor viajar con tiempo.

CORTES DE CALLES
Habituales en verano, cuando se montan terrazas y mercadillos. Hay que prepararse para posibles desvíos.

CONSEJO
Atención con la señalización: en algunas estaciones es difícil distinguir los trenes que van al centro de los que no.

IZDA.: LIZ KRAUSE/SHUTTERSTOCK ©, DCHA. EN EL SENTIDO DE LAS AGUJAS DEL RELOJ: LIZ KRAUSE/SHUTTERSTOCK ©, STOCKELEMENTS/SHUTTERSTOCK ©, JITALIA17/GETTY IMAGES ©

MAPAS Y 'APPS' IMPRESCINDIBLES

Con las *apps* Citymapper y MTA permiten saber cómo llegar en tren o en metro a cualquier lugar. La segunda, más indicada para autobús, indica con exactitud a qué hora llega el siguiente vehículo. Si no apetece usar ni Uber ni Lyft, se puede pedir un taxi amarillo con la *app* Curbed.

LO ESENCIAL: METRO

Máquinas de venta de billetes La tarjeta Metrocard se puede comprar con efectivo o tarjeta de crédito. Casi todos los trayectos en autobús o metro cuestan 2,75 US$. En las estaciones de metro hay tornos para acceder a los andenes.

En casi todas las estaciones hay una ventanilla atendida por un empleado al que se puede solicitar ayuda o pedir que cargue más saldo a la Metrocard si la máquina no funcionara. Para estancias largas se recomiendan los bonos semanales o mensuales de trayectos ilimitados.

Trenes 1/2/3 y 4/5/6 Estas líneas cubren la mayor parte de los puntos de interés de Manhattan, y sus horarios suelen ser los más fiables. Las líneas con letras en vez de números son las que suelen sufrir interrupciones los fines de semana.

Mendicidad No es raro ver gente pidiendo dinero en los vagones o en los andenes. Para evitar problemas, es preferible no mirarlos; y si abordan al viajero, rehusar educadamente y seguir adelante.

Puntos concurridos En nudos de transporte importantes como 34th St-Penn Station, World Trade Center o 42nd St-Times Sq suele haber bastante presencia policial y gran afluencia de turistas.

Vagones abarrotados Los trenes suelen ir llenos, máxime en hora punta. Si se viaja de pie, llevar el bolso o mochila por delante; si se va sentado, no ocupar el asiento contiguo con los objetos personales. Y aunque es costumbre ceder el asiento a la gente mayor, esta práctica no se cumple tanto en los trenes como en los autobuses.

ALOJAMIENTOS ÚNICOS Y LOCALES

Nueva York no anda escaso de hoteles, que van desde fastuosos cinco estrellas a albergues para presupuestos ajustados. Barrios como Chelsea, Midtown o SoHo aglutinan los más caros, mientras que en zonas como Murray Hill o Hell's Kitchen se encuentran propuestas más económicas.

Dónde alojarse en Nueva York

CUÁNTO CUESTA

Hotel económico
desde 108 US$

Hotel de precio medio
desde 299 US$

Airbnb céntrico
desde 150 US$

HOTELES DE LUJO

Los hay por todo Manhattan; todos (p. ej., el Baccarat en Midtown o el Carlyle Hotel en el Upper East Side) ofrecen prestaciones de primera.

HOTELES DE PRECIO MEDIO

El Times Square EDITION regala espectaculares vistas de la ciudad, mientras que el Standard Hotel del Meatpacking District es también un popular destino de marcha. El Arlo SoHo y el Dominick, en la zona más exclusiva de Downtown, tienen excelentes bares de azotea y restaurantes.

HOTELES ECONÓMICOS

Hay multitud de cadenas como Holiday Inn o Hampton Suites, en cuyas webs puede verse una relación con sus distintas ubicaciones. El Jane, sofisticada opción en pleno West Village, está magníficamente situado para el transporte público y la oferta noctámbula.

AIRBNB Y ALQUILER DE APARTAMENTOS

Pese a la abundancia de pisos turísticos, está prohibido ofrecer alquileres cortos en edificios plurifamiliares, lo que imposibilita las estancias superiores a 30 días. Los precios son similares a los de los hoteles económicos/de precio medio.

LEV RADIN/SHUTTERSTOCK ©

RESERVAS

Primavera y verano son las épocas más caras y solicitadas, por eso se aconseja reservar habitación con meses de antelación. La ocupación es también alta en los períodos vacacionales de noviembre y diciembre; resérvese en septiembre. Normalmente se disfruta de mejor servicio y tarifas si se reserva directamente a través del alojamiento. Algunas web útiles son:

NYC (nycgo.com/hotels)
La web oficial municipal ofrece un sinnúmero de sugerencias.

ALBERGUES

En Manhattan hay unos cuantos, en general con ubicaciones fantásticas, como el Jazz on the Park Hostel, cerca de Central Park, o el HI New York City Hostel, cerca del Lincoln Center.

DÓNDE ALOJARSE SI SE BUSCA...

→ **Museos, cultura e historia** Upper West Side (p. 30) A un paso de Central Park se halla el Museum of Natural History.

Tiendas, teatro y ocio Midtown (p. 46) El Madison Square Garden, Broadway...

Cine, arte y cultura Chelsea y Greenwich Village (p. 64) Hogar de la mayor comunidad LGBTIQ+ de la ciudad y destino predilecto para los amantes de las galerías de arte.

Historia, restaurantes y ocio Tribeca y Financial District (p. 86) Combinan enclaves históricos y bares y restaurantes de moda.

Moda, gastronomía e historia SoHo y Chinatown (p. 98) Uno es sinónimo de moda y tiendas; el otro, de comida chino-estadounidense.

↓ **Murales, tendencias y restaurantes** Brooklyn (p. 114) El distrito que rivaliza con Manhattan por su selección de restaurantes es un refugio de creativos con sus vistosos murales callejeros y barrios en boga.

NYKER/SHUTTERSTOCK ©

Solera, arte y bohemia East Village y Lower East Side (p. 132) Legendarias salas de *rock*, recitales de poesía, museos insólitos y restaurantes rompedores.

Lujo, tiendas y museos Upper East Side (p. 150) A un suspiro de Central Park, el viajero se codeará con familias acaudaladas afincadas en edificios históricos.

Historia, ocio y cultura Harlem (p. 166) Prolífico barrio afroamericano ideal para pasarlo en grande, ya sea en el Apollo o en alguno de sus muchos bares y clubes de *jazz*.

Diversidad, museos y arte Queens (p. 180) Una de las zonas más multiétnicas: parecerá que se cambia de país en apenas dos estaciones de metro.

LAZYLLAMA/SHUTTERSTOCK ©

Pág. anterior: Times Square EDITION. **Arriba:** American Museum of Natural History. **Izda.:** Smorgasburg, Williamsburg, Brooklyn.

PELIGROS, ADVERTENCIAS Y SEGURIDAD

Como en cualquier otra ciudad, es conveniente estar alerta en los desplazamientos, sobre todo en las atestadas estaciones del metro. En invierno se aconseja llevar botas adecuadas para el frío que eviten resbalarse con el hielo.

SALUD

Si se necesita atención médica, se puede acudir a un centro sanitario con servicio de urgencias en el que no se exija seguro o pedir la visita de un médico al alojamiento, aunque puede suponer un gasto excesivo.

CARTERISTAS

Conviene ser cauto al abrir la cartera o el bolso para dar unas monedas a un artista callejero.

TAXIS Y AUTOMÓVILES COMPARTIDOS

Cerciorarse de estar en el vehículo correcto.

FARMACIAS

Ampliamente disponibles, ofrecen medicamentos de venta libre y genéricos a menor precio que los productos de marca.

MARIAKRAY/SHUTTERSTOCK ©

SAMFOTOGRAF/SHUTTERSTOCK ©

Policía Gran presencia en el metro y en zonas turísticas y aledaños, como Times Square. En algunos puntos de Midtown se les ve a caballo.

COVID-19

Cuando se redactaba esta guía seguía habiendo algunas restricciones. Para información actualizada, búsquese "coronavirus" en nycgo.com.

EN CASO DE PÉRDIDA EN EL METRO

Puede uno dirigirse al vagón del conductor, quien gustosamente se asomará por la ventanilla, o pedir ayuda al empleado junto a los tornos.

CONSEJOS PARA ADMINISTRAR EL DINERO

IDEAS PARA AHORRAR

En estancias prolongadas, lo mejor es hacerse con una Metrocard semanal (33 US$), con trayectos ilimitados. Beneficiarse de las *happy hours* que ofrecen muchos establecimientos de 16.00 a 19.00. Y tratar de visitar los museos y espacios culturales los días que no se paga entrada (consúltense en línea).

TARJETAS DE CRÉDITO

Las principales tarjetas de crédito se aceptan prácticamente en todas partes. En algunos pequeños comercios, mercadillos y mercados al aire libre suelen preferir efectivo.

CAJEROS AUTOMÁTICOS

Abundan los cajeros automáticos (a veces, los hay incluso en *delis* y farmacias), y cada uno aplica una tasa distinta por transacción.

DESCUENTOS Varias tarjetas ofrecen descuentos en las principales atracciones (nycgo.com/things-to-do/tours-in-nyc/attraction-passes). Con el Explorer Pass, p. ej., se puede ahorrar hasta el 45% en las entradas, mientras que CityPASS ofrece grandes descuentos en varias tiendas y atracciones.

MONEDA

Dólar (US$)

CUÁNTO CUESTA

Copa de vino
10 US$

Almuerzo para dos
35-40 US$

Metrocard semanal
33 US$

PAGAR LA CUENTA

En los restaurantes convencionales se suele llevar la cuenta al comensal al final de la comida. En los bares se suele preguntar si se desea abrir una cuenta si se prevé pedir varias consumiciones o se está con amigos.

CAJEROS AUTOMÁTICOS

Abundan los cajeros automáticos (a veces, los hay incluso en *delis* y farmacias), y cada uno aplica una tasa distinta por transacción.

PROPINAS

No son opcionales; únicamente no se exigen en caso de un pésimo servicio.

Camareros de restaurante 18-20%.

Bármanes 15-20% por ronda; mínimo 1 US$ por consumición, 2 US$ en caso de cócteles.

Taxistas 10-15%.

Mozos de aeropuertos y botones de hoteles 2 US$ por maleta, mínimo 5 US$ por carro.

Servicio de limpieza 2-4 US$ diarios.

VIAJE CON IMPACTO POSITIVO

Experiencias positivas, sostenibles y para sentirse bien.

ESTABLECIMIENTOS SOSTENIBLES

Cócteles en un jardín secreto El jardín en la azotea del Met seduce con un ambiente distinto que permite simultanear el arte con las vistas de la ciudad.

Jardín botánico Sublimes exposiciones y muestras dedicadas a diferentes especies de plantas y flores. También se recomienda su homólogo de Brooklyn.

Green Roof del Jacob Javits Center Hogar de 17 especies de aves y 300 000 abejas, su tejado cubierto de césped ayuda a reducir su consumo energético.

High Line, Meatpacking District Paisajes urbanos desde una perspectiva única.

RESTITUCIÓN

Donar alimentos y comida a familias de renta baja a través de iniciativas como City Harvest (cityharvest.org) o Citymeals-On-Wheels (citymeals.org).

Conocer las especies de aves locales y ayudar a protegerlas colaborando con Audubon New York (ny.audubon.org).

Preparar comida y artículos básicos para gente sin techo en Backpacks for the Street (backpacksforthestreet.org).

Proteger el medio ambiente y ayudar a mantener la ciudad limpia trabajando como voluntario de NYC Parks.

Arriba: High Line.
Dcha.: bicicletas de Citi Bikes.
OLIVER FOERSTNER/SHUTTERSTOCK ©

APOYAR LA ECONOMÍA LOCAL

Para surtirse de productos frescos de granjas locales visítese algunos de los muchos mercados de la ciudad, como el que se monta en Union Square. Repartidos por todos los distritos, tienen de todo, desde alimentos frescos a productos artesanos. Sus horarios y ubicaciones pueden consultarse en grownyc.org.

Local Roots Market & Cafe es un pequeño restaurante de Brooklyn que se especializa en recetas elaboradas con ingredientes locales.

PARA APRENDER MÁS

Explorar los diversos barrios, en los que es habitual ver letreros de comercios y oír hablar en distintos idiomas.

Asistir a festejos culturales como el Desfile del Día de las Indias Occidentales (sep) o el Desfile del Día de Puerto Rico (jun).

Visitar el Schomburg Center of Black Research (p. 173) para aprender acerca de las figuras afroamericanas que ayudaron a forjar Harlem.

S-F/SHUTTERSTOCK ©

EN RUTA

Llevar encima una botella de agua reutilizable y una bolsa de tela para evitar pedir una de plástico.

Alquilar una bici de Citi Bike para moverse sin contaminar. Hay estaciones repartidas por todos los distritos. Un bono de un día cuesta 15 US$; un trayecto de 30 min 3,50 US$.

EL CAMBIO CLIMÁTICO Y LOS VIAJES

Es imposible desconocer el impacto de los viajes y la importancia de hacer cambios. Lonely Planet anima a los viajeros a involucrarse en su huella de carbono. Varios calculadores en línea permiten saber las emisiones de carbono que genera un viaje, como resurgence.org/resources/carbon-calculator.html. Muchas aerolíneas y portales de reservas ofrecen compensar el impacto de los gases de con iniciativas respetuosas con el clima. Lonely Planet compensa la huella de carbono de todos los viajes de su personal, aunque admite que es un atenuante más que una solución.

RECURSOS EN LÍNEA

citymapper.com
nycgo.com
new.mta.info
ferry.nyc

LO ESENCIAL

CONDUCIR

Se desaconseja a menos que se piense hacer una excursión fuera de la ciudad. Para moverse, lo mejor es adquirir la Metrocard y descargarse las principales *apps* de movilidad.

TAXIS

Aunque en Manhattan es frecuente pararlos por la calle, también se pueden pedir a través de la *app* de Curbed.

TABACO

No está permitido fumar ni en los parques públicos ni en las terrazas de restaurantes y bares.

DATOS BÁSICOS

Hora local
GMT-5

Prefijo de país
+1

Electricidad
120/240V
60Hz

INFORMACIÓN ÚTIL

La edad legal para beber es 21 años en cualquier establecimiento que venda alcohol. En muchos se pide un documento identificativo a la entrada.

Pese a estar permitido el consumo recreativo de la marihuana, sigue estando prohibida su venta.

En los restaurantes es obligatorio dejar propina, por regla general entre el 18 y 20% de la cuenta.

En algunos restaurantes, a los grupos de más de cuatro personas ya se les incluye en la cuenta.

Todas las compras se gravan con un impuesto municipal.

VIAJEROS CON DISCAPACIDADES

Andenes adaptados para acceder en sillas de ruedas No todas las estaciones los tienen. Más información en la web de la MTA (new.mta.info/accessibility/stations).

Los ascensores del metro no siempre funcionan. Consúltese en línea (new.mta.info/elevator-escalator-status).

Buses de la MTA Están adaptados y suelen ser mejor opción que el *subway*.

Theatre Access NYC (theatreaccess.nyc) puede ayudar a encontrar espectáculos de Broadway adecuados.

Para pedir un taxi amarillo accesible con silla de ruedas hay que llamar al (646) 599-9999 o enviar un SMS al (646) 400-0789. Si fuera imposible conseguir uno, contáctese con NYC Wheelchair Transportation (nycwheelchairtransportation.com; 212-705-8773) para solicitar ayuda.

La web del Gobierno de Nueva York (nyc.gov) ofrece recursos específicos para discapacitados.

HOTELES ACCESIBLES
Consúltese el directorio de Wheelchair Jimmy (wheelchairjimmy.com) para dar con hoteles adaptados a viajeros en silla de ruedas.

MUSEOS
Véanse los distintos programas de los museos para averiguar si adoptan medidas específicas para visitantes con autismo.

EN EL METRO
Los pasajeros suelen ceder sus asientos a los niños. Hay que apartarse siempre de las puertas para no bloquearlas.

ASEOS PÚBLICOS
Casi ningún establecimiento permite el uso de sus aseos sin consumir algo. Hay lavabos públicos en los principales nudos de transporte (Penn Station, Grand Central Terminal) y en los parques públicos.

VIAJAR EN FAMILIA
Hospedarse cerca de una estación de trenes y planificar el día en torno a lo que haya más cerca del metro para reducir el tiempo caminando.

Decidirse por zonas residenciales, lejos de Midtown y de lugares turísticos, para evitar las muchedumbres y poder disfrutar de una noche de sueño reparador.

Reservar las entradas con antelación y ser consciente de los requisitos de edad en los establecimientos que sirven alcohol.

Usar los pasos de peatones y asegurarse de llevar a los niños de la mano, máxime entre multitudes.

HOTELES PROPICIOS PARA FAMILIAS
Hay hoteles indicados para ir en familia, como el TRYP by Wyndham, en Times Square, o el Residence Inn New York Manhattan, con suites de gran tamaño y servicios especiales (cunas extra, canguro...). Contáctese con el hotel para corroborar si disponen de servicios específicos para huéspedes con niños pequeños.

JUAN CAMILO BERNAL/SHUTTERSTOCK ©

VIAJEROS LGBTIQ+
East Village y West Village tienen notables establecimientos LGBTIQ+. En este último, epicentro de la cultura LGBTIQ+, se encuentra el Stonewall Inn, de suma importancia para los movimientos en defensa de los derechos de los gais.

Visitar el Leslie-Lohman Museumof Gay and Lesbian Art, en el que se exhiben obras que plasman la experiencia LGBTIQ+.

Fire Island (p. 198) es un destino muy popular como excursión (estival) de un día entre los viajeros LGBTIQ+. Hay que tomar el ramal Montauk del LIRR hasta Mastic/Shirley (para ir a la finca de William Floyd) o bien hasta Bay Shore, Sayville o Patchogue (para ir a las terminales de ferris).

Índice

DANA GIVENS

Oriunda de Nueva York, es periodista especializada en viajes y estilo de vida. Cuando no está de viaje, se entrega a la lectura y visita las galerías de arte.

@danawritesalot

Mi experiencia favorita es ver los tesoros artísticos escondidos del Upper East Side, más allá del Met o el Guggenheim.

DEEPA LAKSHMIN

Escritora independiente, empezó a curtirse trabajando para revistas en Manhattan, donde siempre ha vivido. Ha colaborado con National Geographic, MTV News y NYLON.

@deepathedisco @deepa

Mi experiencia favorita es relajarme en los columpios del muelle 26, viendo cómo se oculta el sol.

Nuestros autores

HARMONY DIFO

Especializada en reportajes de cultura y estilo de vida, es escritora y editora. Tras haber pasado por el mundo del arte y los medios, decidió lanzar su propio negocio de creación literaria y editorial en Nueva York y Johannesburgo.

@harmonydifo.com

Mi experiencia favorita es recorrer las calles de East Village.

JOHN GARRY

Criado en las montañas de Catskill y afincado en Brooklyn, este escritor y profesor se trasladó a Nueva York y solo vuelve a su tierra natal cuando hace senderismo, algo bastante frecuente.

@garryjohnfrancis

Mi experiencia favorita es pasear en bicicleta por la orilla del Hudson los días de primavera, cuando todo parece florecer.

MÁS AUTORES EN LA PÁGINA ANTERIOR

geoPlaneta
Av. Diagonal 662-664, 08034 Barcelona
viajeros@lonelyplanet.es
www.geoplaneta.com - www.lonelyplanet.es

Lonely Planet Global
Irlanda Digital Depot, Roe Lane (off Thomas St),
Digital Hub, Dublín D08 TCV4
www.lonelyplanet.com
Contacta con Lonely Planet en lonelyplanet.com/contact

Explora Nueva York
1ª edición en español – marzo del 2023
Traducción de *Experience New York City*, 1ª edición – junio del 2022
© Lonely Planet Global Limited

Editorial Planeta, S.A.
Con la autorización para la edición en español de Lonely Planet Global Ltd A.B.N. 36 005 607 983, Lonely Planet Global Limited, Digital Depot, Roe Lane (off Thomas St), Digital Hub, Dublín D08 TCV4, Irlanda

ISBN: 978-84-08-26498-9
Depósito legal: B. 14.034-2022
Impresión y encuadernación: Egedsa
Printed in Spain – Impreso en España